Die schönsten
Tagesausflüge
rund um Hamburg

Malerische Städte und Landschaften entdecken

Elke Frey, Carsten Ruthe

W0194702

BRUCKMANN

Inhalt

Vorwort

DIE SCHÖNSTEN TAGESAUSFLÜGE

Innerhalb der Hamburger Stadtgrenzen

Segelspaß auf der Unterelbe

Bei der Deichpflege wird's manchmal eng für Radler.

Eldorado für Radler: Das Elbtal ist flach, grün und idyllisch.

Gemütliches Reetdachhaus hinterm Deich

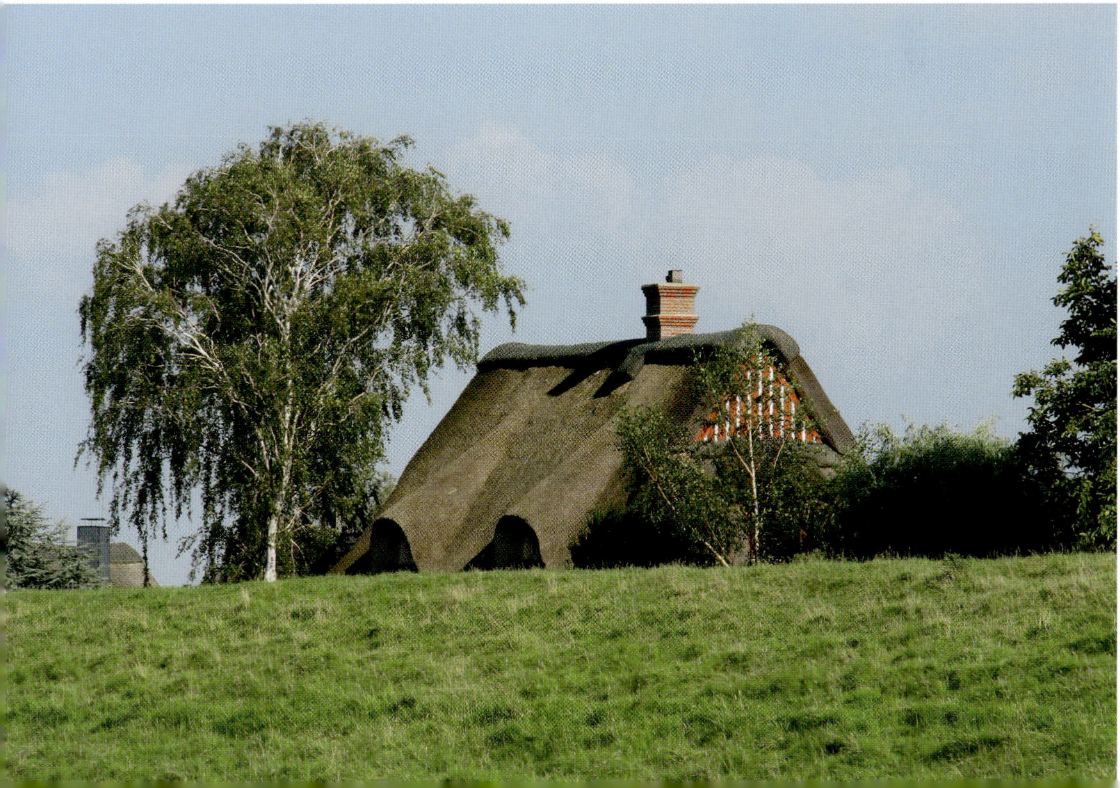

Im April radelt man durch blühende Obstplantagen entlang der Elbe.

Vorwort

Wollten Sie nicht schon längst Hamburg und seine Umgebung aktiv erkunden? Endlich sich mal aufraffen, ein paar Tagestour-Klassiker wie den Alsterwanderweg, eine Vierlande-Rundfahrt oder den längst geplanten Lübeck-Ausflug in Angriff nehmen? Oder mal zu neuen Ufern aufbrechen, die ja gerade in Hamburg nur eben um die Ecke liegen können, wie die sich ständig verändernde Hafenkante, Wilhelmsburg oder die Alsterkanäle? Dieses Buch will Ihnen einen kleinen Schubs geben: 35 verlockende Tagestouren zu Fuß, per Fahrrad, mit dem Paddelboot oder dem Auto stellen wir Ihnen vor und zeigen kurz auf, was Sie auf dem Ausflug erwartet.

Knapp die Hälfte der vorgeschlagenen Ausflüge sind Fahrradtouren, etwa ein Drittel Wanderungen oder Rundgänge. Als Startpunkte wählten wir in den allermeisten Fällen Orte, die sich mit

Stade und seine schöne Kirche St. Cosmae sind ein Ziel für das ganze Jahr.

6

Bahnen oder Linienbussen erreichen lassen. Für alle fünf Paddeltouren kann man sich Boote vor Ort ausleihen. Unser Hauptanliegen bei den vier Autotouren war, Ihre Neugier für die jeweilige Landschaft und ihre besondere Kultur zu wecken. Wir sind davon überzeugt, dass Sie nach einer solchen Schnuppertour das Interesse für diese Gegend gepackt hat, sodass Sie wiederkommen, um sich hier intensiver umzuschauen: vielleicht fürs Shipspotting an der Unterelbe oder die Fledermaus-Routen am Segeberger See, wegen der Kirchenkunst in Westmecklenburg oder der Störche im Biosphärenreservat Elbtalaue.

Ein schöner Tagesausflug soll alle Sinne ansprechen. Essen und Trinken unterwegs ist ein nicht unbedeutender Teil eines gelungenen Ausflugs. Bei allen Touren finden Sie daher Hinweise auf Einkehrmöglichkeiten oder Picknickempfehlungen. Die Auswahl der Restaurants stellt insgesamt eine breite Palette dar und nimmt Rücksicht auf die Art der Tour. Achten Sie auf die angegebenen Ruhetage der Gaststätten.

Beschreibungen und Kartenskizzen zeigen Ihnen, wohin die Reise geht. Rüsten Sie sich aber auch mit aktuellem Kartenmaterial aus. Autotouren: Deutsche Generalkarte 1:200.000, Radtouren: ADFC-Regionalkarten 1:75.000 oder Maiwald-Karten 1:50.000, zum Wandern: Messtischblätter oder Sonderkarten im Maßstab 1:25.000 bis 1:50.000 an, zum Beispiel vom Brütt-Verlag. Die umfangreichste Kartenauswahl in Hamburg ist bei Dr. Götze Land & Karte zu finden (www.mapshop.de).

Ein äußerst buntes Kaleidoskop an Freizeitzielen und -möglichkeiten ist charakteristisch für Hamburg und sein Umland – man hat die Qual der Wahl. Wir haben daher bewusst nur eine beschränkte Anzahl von Aktivitäten und Zielen herausgepickt, die jedoch ein breites Spektrum bieten und gut über Hamburg und Umgebung verteilt sind. Sie sollen Spaß machen, Entdeckerfreude wecken und ungewohnte Blicke auf Bekanntes ermöglichen. Unsere Vorschläge wenden sich vor allem an diejenigen, die einen aktiven Tag verbringen möchten. Und sagen Sie besser nicht: »Kenn ich schon!« Wie schnell ändert sich unsere Umgebung! Außerdem: Ein und derselbe Ort, zu einer anderen Jahreszeit besucht, kann ein ganz neues Erlebnis sein – probieren Sie es aus!

Dieser malerische Leuchtturm steht in Hamburgs jüngstem Naturschutzgebiet, der Bunthäuser Spitze.

Die schönsten
Tagesausflüge

1

Hafentour mit dem Fahrrad

■ **Ausgangs- und Endpunkt**
Bahnhof Altona bis U-/S-
Landungsbrücken
■ **Streckenlänge**
20 km
■ **Einkehr**
Oberhafenkantine. Kaffee-
klappe im Hafenmuseum

Mit dem Fahrrad in den Hafen? Eine abenteuerliche Tour in eine andere Welt! Das Internationale Maritime Museum in der Speicherstadt und das Hafenmuseum im alten Kaischuppen 50 versorgen Sie mit dem nötigen Wissen zur Seefahrt. Es gibt großartige Museumsschiffe zu bewundern, doch das Tollste sind die modernen Kais und Riesenschiffe, die Fernweh wecken.

Vom Altonaer Balkon zur Überseebrücke Nach nur fünfhundert Metern vom Start am Bahnhof Altona eröffnet sich Ihnen auf dem Altonaer Balkon die große weite Welt: Hamburgs fantastische Hafenszenerie. Entlang der **Großen Elbstraße** spüren Sie den Wandel vom alten Fischereihafen in eine moderne Hafenkante. Steigen Sie über die Außentreppe auf das schnittige Bürogebäude **Dockland**: Sie fühlen sich mitten auf der Elbe! Nach Hafen riecht es auch am Fischmarkt, und das Kopfsteinpflaster passt zur **Fischauktions-halle** von 1895. Die **St. Pauli Landungsbrücken** merken Sie sich für Ihre nächste Hafenrundfahrt. Auf den Museumsschiffen »Rickmer Rickmers« und »Cap San Diego« (tgl. 10–18 Uhr) erfahren Sie viel über das Leben an Bord zur Segelschiffszeit bzw. der Seefahrt des 20. Jahrhunderts vor dem Containerzeitalter.

**Parade alter Kaikräne
im Hafenmuseum**

Speicherstadt und HafenCity Welch ein Gegensatz: die nostalgische Speicherstadt und die supermoderne, kühle HafenCity gleich nebenan! Das **Speicherstadtmuseum** verrät, was sich einst in den mehrstöckigen Lagerhäusern abspielte. Im perfekt sanierten Kaispeicher B von 1879 bestaunt man im **Internationalen Maritimen Museum** die ganze Welt der Schifffahrt, auch Schiffsmodelle, nautische Instrumente, Gemälde und vieles mehr. Glanzvolle Schiffe in Originalgröße dagegen präsentiert an die hundertmal im Jahr der **Kreuzfahrtterminal** direkt am Elbstrom.

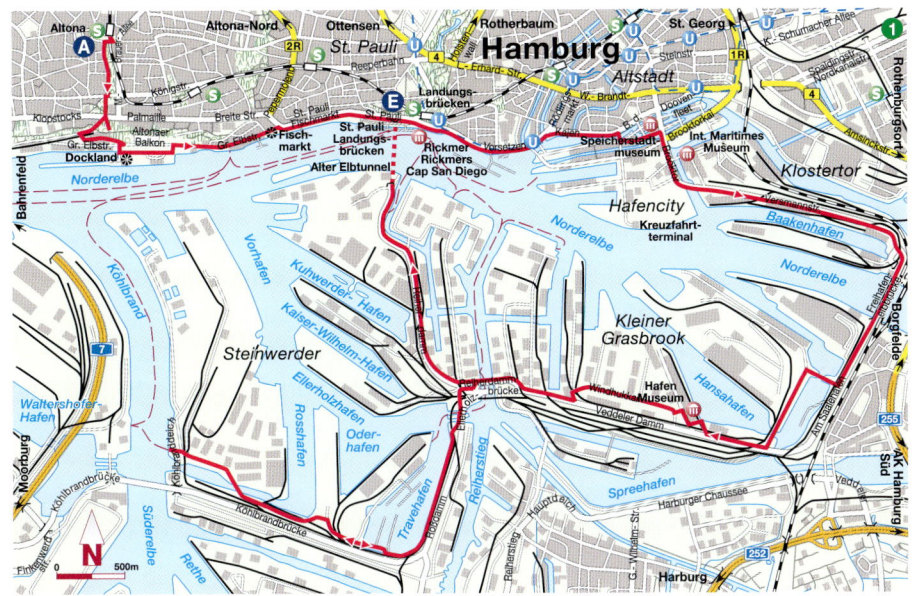

Tipp

Den Kai säumen alte Kräne, davor liegen Museumsschiffe vom Dampfkran bis zum Stückgutschiff. Bei einer Führung erzählen alte Seebären und ehemalige Hafenarbeiter packende Geschichten – auf Hochdeutsch oder Platt!

■ **Museum** Speicherstadtmuseum: 1. April bis 31. Okt Di–Fr 10–17 Uhr/Sa, So, Fei 10–18 Uhr; 1. Nov. bis 31. März: Di–So 10–17 Uhr; Internationales Maritimes Museum: Di, Mi, Fr, Sa, So 10–18 Uhr, Do 10–20 Uhr. Nehmen Sie sich viel Zeit für dieses Museum!

Hafenmuseum Nach Passieren einer **Zollstation** queren Sie die **Freihafenelbbrücke**, Grenze des Seehafens: Elbaufwärts können nur noch Binnenschiffe fahren, zum Beispiel nach Dresden. Am Hansahafen lässt das Hafenmuseum (Ostern bis Ende Okt. Sa–So, Fei 10–18 Uhr) in den 50er-Schuppen aus der Kaiserzeit die einstige Arbeitswelt des Hafens lebendig werden.

Köhlbrandbrücke bis Alter Elbtunnel Auf Nebenstraßen wie am **Windhukkai** ist es still im Hafen, geradezu unwirklich wird es am **Travehafen**: Nur wenig entfernt brummt der Verkehr auf dem Rossdamm, der Auffahrt zur Köhlbrandbrücke. Sie aber radeln auf einem Pfad am Ufer durchs Grüne! Nehmen Sie den Rossweg bis zum **Köhlbranddeich** und halten Sie Ausschau – atemberaubend die riesige Hochbrücke! Vielleicht wird gerade ein Containerriese an Ihnen vorübergeschleppt. Jenseits des Köhlbrands leuchten im **Waltershofer Hafen** die Containerstapel und Verladebrücken in bunten Farben. Machen Sie sich wieder entlang dem Travehafen auf den Rückweg und folgen Sie der Ausschilderung zum Alten Elbtunnel. Die Tour endet an der U-/S-Bahnstation Landungsbrücken.

2

Bootstour auf Alsterkanälen

■ **Ausgangs- und Endpunkt**
Kaemmererufer, Nähe U-
Bahnhof Saarlandstraße
■ **Streckenlänge**
10 km
■ **Einkehr**
Museum der Arbeit, Boots-
mann am Goldbekhaus, Café
Fiedler am Hofweg

Machen Sie eine klassische Rundtour auf der Alster und ihren Nebenkanälen! Sportlich gesehen ist das keine Herausforderung. Lassen Sie sich Zeit! Wer zu schnell ist, verpasst die vielen wunderschönen – und ungewohnten – Aussichten und Einblicke, die netten Lokale und das bunte Völkchen der Wasserfreunde unterwegs.

Am Osterbekkanal Beginnen Sie Ihre Paddeltour am Osterbekkanal, denn hier, nordöstlich der Außenalster, gibt es besonders viele Verbundkanäle. Der einstige Bach **Osterbek** wurde wie die Alster und andere ihrer Nebenflüsse Ende des 19., Anfang des 20. Jahrhunderts für die damals boomende Industrie kanalisiert. Etliche alte Fabrikgebäude entlang den Kanälen sind stehen geblieben, in den allermeisten Fällen saniert und in Studios oder Büros verwandelt. In einem einstigen Fabrikkomplex am Osterbekkanal ist das **Museum der Arbeit** (Mo 13–21 Uhr, Di–Sa 10–17 Uhr, So 10–18 Uhr) untergebracht; vom eigenen Anleger aus erreichen Sie seine eindrucksvollen Ausstellungen.

Am Wochenende ist Hochbetrieb
auf den Alsterkanälen.

■ **Bootsvermietung Dornheim** April bis Okt. Mo–Fr 9–22 Uhr, Sa, So, Fei 9.30–22 Uhr. Bei schönem Wetter längere Öffnungszeiten.

Stadtpark und Goldbekkanal Durch den **Barmbeker Stichkanal** geht es zum Stadtpark. Der Wasserweg wurde für die Versorgung des Kraftwerks der Hochbahn angelegt, noch heute sieht man die Werkstatthallen am östlichen Ufer. An der Stadtparkbrücke – Café im Freien! – mündet er in den Goldbekkanal. Hohe Bäume markieren den Nordrand des Parks. Noch mehr von dieser großen Anlage sieht man vom **Stadtparksee** aus: Man hat einen weiten Blick über die Große Wiese zum **Planetarium** und zum Freibad. Romantisch ist die winzige **Liebesinsel** mit einem Kiosk – jetzt ein Eis! – und Bootsverleih.

■ **Bootsvermietung** am Stadtparksee, Karl-Heinz Rohden auf der Liebesinsel, www.stadtparksee.de

12

Kleingärten begleiten den Goldbek-kanal. Am Veranstaltungszentrum **Goldbekhaus** lädt schon wieder ein Restaurant mit Bootsanleger zum Halt ein.

Durch Winterhude und Uhlenhorst
Häuser sind hier mitten in den Wohngebieten kaum sichtbar, so grün sind die Ufer. Mit dem Boot fährt man durch den **Rondeelteich**, eine der exklusivsten Wohnlagen. Über den **Leinpfadkanal** paddelt man zur **Alster**, besser: zum Alsterkanal, denn der Flusslauf wurde Anfang des 20. Jahrhunderts begradigt und mit Mauern eingefasst. An der **Krugkoppelbrücke** öffnet sich der grandiose Blick auf die **Außenalster**. Am Ostufer passiert man den Anleger **Uhlenhorster Fährhaus** und biegt in den **Feenteich** ein. Die weiße Villa rechts ist das Gästehaus des Senats. Um Bauland zu gewinnen, legte man auf der Uhlenhorst seit 1837 Kanäle zum Trockenlegen der sumpfigen Alsterniederung an. Über den schmalen **Hofwegkanal** kommt man zum **Langen Zug** und unter der **Mühlenkampbrücke** hindurch wieder zum Osterbekkanal. Dabei passiert man die **Kampnagel-Kulturfabrik** und gelangt zum Ausgangspunkt zurück. Haben Sie mitgezählt? Sie haben 29 der über 2500 Hamburger Brücken passiert!

Die elegante Runde des Rondeelteichs lädt zur Verschnaufpause ein.

3

Per Fahrrad von Ohlsdorf zur Alsterquelle

■ **Ausgangspunkt**
Bahnhof Ohlsdorf
S1/S11/U1
■ **Endpunkt**
Ulzburg-Süd (AKN-Linien
A 1/A 2) oder Meeschensee
(A 2)
■ **Streckenlänge**
45 km

Die Alster mündet in die Elbe – aber wo entspringt dieser für Hamburg so wichtige Fluss? Viele Hamburger kennen den Alsterwanderweg im reizvollen Tal der sich meist frei dahinschlängelnden Alster in Hamburgs Nordosten. Dann aber geht der Weg zur Quelle durch ebenes Wiesenland bis zum schleswig-holsteinischen Henstedt-Ulzburg. Dafür ist Ausdauer gefragt!

Von Ohlsdorf bis Wellingsbüttel Grüne Wanderwege begleiten die kanalisierte Alster von Ohlsdorf bis in die Hamburger Innenstadt, doch erst nördlich des Ohlsdorfer Schleusenbeckens beginnt der natürliche Teil des **Alsterwanderwegs**. Die Aue ist zunächst eine feuchte Niederung, weiter flussaufwärts schneidet sich das Tal tief ein. Buchenwald säumt häufig die Hänge, hie und da ist das Gelände auch parkartig gestaltet. In Wellingsbüttel passiert man das klassizistische Hauptgebäude des ehemaligen **Guts Wellingsbüttel**. Dessen wechselvolle Geschichte unter erzbischöflicher, schwedischer und österreichischer Herrschaft sowie Heimatkunde vermittelt das **Alstertalmuseum** im Torhaus von 1757 (Sa/So 11–13 und 15–17 Uhr).

Von der Poppenbütteler zur Wohldorfer Schleuse Fünf Kilometer weiter wird die Poppenbütteler Schleuse erreicht. Die romantische Alsterschleife unterhalb der **Mellingburger Schleuse** ist beliebtes Ausflugsziel. Die Tradition des hiesigen Restaurants geht auf das Schankrecht der alten Schleusenmeister zurück. Schon einen Kilometer weiter bietet sich auch die **Alte Mühle** zur Einkehr an (Mi–So bis 21.30 Uhr). Danach erreicht man den hügeligen Buchenwald des Naturschutzgebiets **Rodenbeker Quellental**. Zweimal queren Sie die Alster, an der Wohldorfer Schleuse mündet die Ammersbek, die von Osten aus dem Duvenstedter Brook (s. S. 16f.) kommt.

Die Alster in der Ebene Die Landschaft wird nun offener. Nach einem schönen Streckenabschnitt entlang von Pferdekoppeln sollten Sie am Wehr der ehemaligen Wulksfelder Schleuse die Straße Richtung Wiemerskamp über **Wulsksfelder** und **Rader Weg** weiterfahren, da der Alsterwanderweg im Wulksfelder Forst für Radfahrer weniger geeignet ist. Über Ehlersberg geht es zum **Gut Stegen** mit seinem Bioland-Hofladen (Mo–Fr 9.30–18.30 Uhr, Sa 9.30–16.30 Uhr; in den Sommermonaten auch So 11–17 Uhr). Nur fünfhundert Meter nördlich des Gutshauses sind die Wälle der schon 1346 von den Hamburgern geschleiften **Burg Stegen** zu erkennen. In **Kayhude** fahren Sie auf einem Radweg 1,5 Kilometer entlang der B 432, von der Sie in **Nahefurth** westwärts abbiegen. Durch das hier breite Alstertal geht es vier Kilometer auf schmalen Straßen über **Fahrenhorst** nach **Wilstedt**. Folgen Sie nun den Schildern »Alster« oder »Alsterquelle« zu Ihrem Ziel. In einem kleinen Hain entspringt der Fluss – ein Findling mit einer Skulptur, die das Alsterwasser symbolisiert, markiert die Quelle. Rund zwei Kilometer sind es zu den Stationen Ulzburg-Süd oder Meeschensee.

Mellingburger Schleusenbecken

Im Mellingburger Schleusenbecken musste erst einmal Wasser gesammelt werden, bevor man auf einer Flutwelle weiterfahren konnte. Die Alster wurde ab 1448 schiffbar gemacht und war bis ins frühe 20. Jahrhundert für den Transport von Torf und Holz bedeutend.

Hamburgs schöne Alster beginnt ganz unspektakulär.

4

Wanderung durch Wohldorfer Wald und Duvenstedter Brook

■ Ausgangs- und Endpunkt
U 1 Bahnhof Ohlstedt
■ Anfahrt
B 434, ab Bergstedt Volks-
dorfer Damm nordwärts,
P+R am Bahnhof Ohlstedt
■ Information
www.nabu-hamburg.de
**■ Streckenlänge/
Zeitaufwand**
ca. 16 km; wegen der Natur-
beobachtungen kann der
Rundweg viel Zeit in An-
spruch nehmen.
■ Tipp
Bestimmungsbücher und
Fernglas mitbringen!
■ Hinweis
Hunde sind im Duvenstedter
Brook nicht erlaubt.
■ Einkehr
Die Mühle, Mühlenredder
38, Tel. 040/607 66 50, Di
geschl.

Hirschbrunft in freier Wildbahn – und das in der Millionenstadt! Die große Population von Rot- und Damwild im Duvenstedter Brook liebt den Wechsel von offenem Land, Waldinseln und Moor. Das frühere Ackerland und Torfmoor wird seit den 1970er-Jahren renaturiert. Der Wohldorfer Wald war schon im 18. Jahrhundert Ausflugsziel der Hamburger; die umliegenden Walddörfer gehören seit über fünfhundert Jahren zur Hansestadt.

Durch den Wohldorfer Wald Der Startpunkt Ohlstedt ist Endstation der U 1. Wandern Sie nördlich des durchgrünten Wohnviertels durch das Naturschutzgebiet Wohldorfer Wald, das stellenweise wie ein Urwald wirkt. Auwälder gedeihen im feuchten Tal der **Ammersbek**, trockenere Stellen wurden schon vor zweihundert Jahren vor allem mit Buchen und Eichen aufgeforstet. Am **Kupferteich**, der aufgestauten Ammersbek, arbeitete im 18. Jahrhundert ein Kupferhammer.

Naturschutz-Informationshaus Doch die frühe Industrie ist passé; fünfhundert Meter weiter macht das Naturschutz-Informationshaus mit Kultur und Natur des **Duvenstedter Brooks** vertraut. In dieser weiten Senke verhütteten Menschen der Eisenzeit Rasenei-

Mitten im Duvenstedter Brook

senerz, wodurch die einstigen Waldflächen verschwanden; als das Brennholz zur Neige ging, wurden auch die Moorflächen noch abgetorft. Das Vieh verbiss aufkommenden Wald, für den Ackerbau legte man Sumpfland trocken. Mit all dem war 1958 Schluss: Seither verwandelt man das 785 Hektar große **Naturschutzgebiet** wieder in den ursprünglichen »Brook« (»Bruch«, Sumpfland).

Rundweg durch den Duvenstedter Brook Der **Duvenstedter Triftweg** teilt den Brook in einen sandig-kargen und vermoorten Nord- und einen fruchtbareren Südteil mit Flüsschen, Auwäldern und Wiesen. Man umrundet beim Gang über Alten Grenzweg, Am Professorenmoor und Bültenkrugweg eine weite **Moorheidelandschaft** mit eingesprengten Wäldchen aus Birken, Kiefern und Weiden, Revier einer reichen Vogelwelt von der Graugans bis zum Neuntöter oder Kranich. Diese und rund hundert andere Arten brüten im Brook. Südlich des Forsthauses, wo sich Misch- und Auwälder mit offenem Grasland abwechseln, hat man im September und Oktober die Chance, die **Hirschbrunft** zu beobachten, zumal morgens und abends und bei windstillem, klarem Wetter. Das Röhren der mächtigen Rothirsche tönt weit. Einige Wege sind während der Hirschbrunft geschlossen, an mehreren Stellen stehen Sichtschirme (s. Karte).

An der Ammersbek Abwechslungsreich ist die Talaue der Ammersbek – halten Sie Ausschau nach Wasseramsel oder Eisvogel, Wiesenweihe oder Graureiher. Die alte **Wohldorfer Gutsanlage** mit ihren Fachwerkbauten, wie dem Herrenhaus von 1714 für den Verwalter der Walddörfer, lässt ebenfalls die Großstadt vergessen. Durch den Wohldorfer Wald gelangt man entlang einem Lehrpfad zum Bahnhof Ohlstedt zurück.

Naturschutz-Informationshaus

Hier ist der Naturschutz-Bund (NABU) mit vielen Aktionen und Naturführungen präsent. Öffnungszeiten April bis Oktober Di–Fr 14–17, Sa 12–18, So 10–18 Uhr, Februar, März, November Sa 12–16, So 10–16 Uhr, Dezember sporadisch an Wochenenden. www.nabu-hamburg.de. Mi–So kann man sich hier einen Naturscout, einen GPS-gestützten elektronischen Führer, ausleihen.

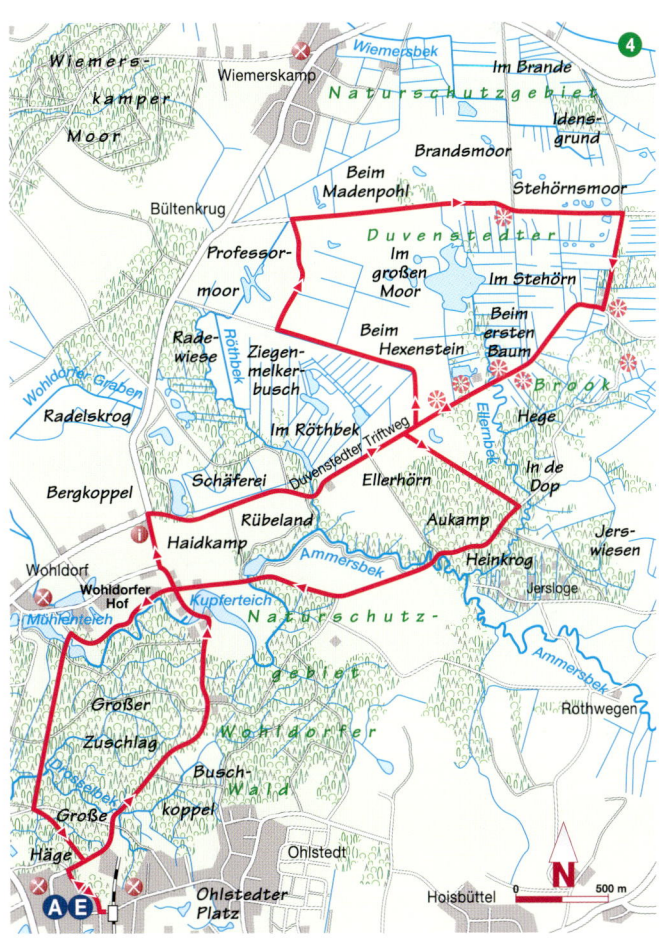

5

Von Bergedorf in die Vier- und Marschlande per Rad und Boot

■ Ausgangspunkt
Bahnhof Bergedorf
(S 21/S 2)
■ Endpunkt
Bahnhof Rothenburgsort
(S 21/S 2)
■ Streckenlänge
40 km

Prima zum Radfahren geeignet ist die tischebene Landschaft der Vier- und Marschlande, unterbrochen durch die gewundenen Flussläufe der Gose- und Dove-Elbe. Ein Schloss, alte Dorfkultur, historische Landwirtschaft und ein historisches Wasserwerk sind Anlaufpunkte der Tour.

Bergedorfer Schloss Das Herz Bergedorfs, das Schloss und die benachbarten Haupteinkaufsstraßen rund um den Bergedorfer Markt sind nur wenige Meter vom Startpunkt der Tour, dem S-Bahnhof Bergedorf entfernt. Das heutige Schloss stammt aus

Stadt und Burg

Eine erste Burg in Bergedorf bauten um 1220 die Herzöge von Sachsen-Lauenburg zum Schutz einer wichtigen Heerstraße. Nach ständigen Wegelagereien stellten die beiden Hansestädte Lübeck und Hamburg 1420 ein großes Heer auf und eroberten Stadt und Burg. Seitdem wurden Bergedorf und die Vierlande als »beiderstädtisches« Gebiet abwechselnd verwaltet. 1867 kaufte sich Hamburg frei.

dem 17. Jahrhundert. Die Geschichte des Land-
strichs lässt sich gut im **Museum für Bergedorf
und die Vierlande** (April bis Okt. tgl. außer Mo,
Fr 10–18 Uhr, Nov. bis März tgl. außer Mo, Fr 10–
17 Uhr) nachvollziehen.

In die Vierlande Verlassen Sie die Bergedorfer Innenstadt über die Straßen Hinterm Graben und
Neuer Weg. Hier steht ein kleines Gebäude mit
Turm: **Hamburgs ältester Bahnhof**. 1842 wurde
bis hier die Hamburg-Bergedorfer Eisenbahn in
Betrieb genommen, die heute mit leicht veränder-
tem Verlauf nach Berlin führt. Einem Bachlauf
folgend erreichen Sie die Straße **Pollhof**. Hinter
der Autobahnbrücke liegt rechts der ehemalige
Bahnhof Pollhof. Damit ist die schnurgerade
Trasse der 1912 gebauten **Vierländer Bahn** erreicht. Auf ihr wurde bis 1961 das hier produ-
zierte Obst und Gemüse abtransportiert.

Curslack und Kirchwerder In Curslack lohnt sich
der Besuch des **Freilichtmuseums Rieckhaus**
(April bis Sept. Di–So 10–17 Uhr, Okt. u. Jan. bis
März, Di–So 10–16 Uhr). Sie sehen einen alten
Vierländer Hof aus dem 16. Jahrhundert mit verschiedenen Nebengebäuden und einem Bauerngarten. Besonders lecker ist ein Besuch im Juni
beim Erdbeerfest und im Herbst zum Kürbisfest.
Schnurgerade an Gewächshäusern und Obstplantagen vorbei geht es weiter auf der alten
Bahntrasse. Hinter der Brücke über die Gose-Elbe haben Sie
Kirchwerder erreicht. Die **St. Severin-Kirche** ist eine Feldsteinkirche aus dem 13. Jahrhundert. Bewundern Sie das schöne Intar-
siengestühl im Innern. Östlich von Kirchwerder liegt **Hof Eggers
in der Ohe** (Kirchwerder Mühlendamm 5, www.hof-eggers-in-
der-ohe.de). Er ist seit 1628 in Familienbesitz und wird heute
nach Bioland-Kriterien bewirtschaftet. Erleben Sie traditionelle
Landwirtschaft an Aktionstagen und während Hofführungen. In
Sichtweite des Hofes steht die **Riepenburger Mühle**, ein Galerie-
Holländer. Der über vier Tonnen schwere Windmahlgang ist
noch betriebsfähig und kann besichtigt werden.

**Der alte Vierländer Bahndamm
lockt Radler und Skater.**

19

Elbwasserwerk Kaltehofe

Das Elbwasserwerk Kaltehofe lieferte ab 1893 filtriertes Elbwasser für die Hamburger Trinkwasserversorgung. Seit 1990 ist es außer Betrieb, nun entsteht hier mit der »Wasserkunst Kaltehofe« ein neues Ausflugsziel mit Planschbecken, Wasserparcours, Kunstinstallation und Biotopen. Hinter dem Gebäude des alten Hygieneinstituts wird eine Ausstellungshalle gebaut (Informationen unter www.hamburgwasser.de).

Zollenspieker an der Elbe ist bekannt für das Ausflugslokal an der Fähre nach Hoopte. Um dem an Wochenenden starken Autoverkehr zu entgehen, verlassen wir den Hauptdeich am Fährhaus und treffen wieder auf die Trasse der Vierländer Bahn, der wir anderthalb Kilometer Richtung Norden bis zu einem Spielplatz mit Schutzhütte folgen. Hier geht es auf die Trasse der **Hamburger Marschbahn** und weitab jeder Bebauung durch die Wiesenlandschaft.

■ **Einkehr** Zollenspieker Fährhaus: Mo–So 11–22 Uhr; Bahnhofsgaststätte Fünfhausen, tgl. ab 10 Uhr

Durch die Marschlande nach Rothenburgsort Die Bahnhofsgaststätte **Fünfhausen** erinnert daran, dass hier früher die Bahn fuhr. Der nächste Bahn-Halt Richtung Hamburg war **Ochsenwerder**. Die Kirche **St. Pankratius** mit einer barocken **Arp-Schnitger-Orgel** und das Gemeindehaus aus dem 17. Jahrhundert bilden zusammen mit dem Kirchhof ein malerisches Ensemble. Um das Marschland bei Sturmfluten besser zu schützen, wurde in **Tatenberg** an der Mündung der hier breiten **Dove-Elbe** ein Sperrwerk errichtet. Die Schleuse direkt an der Brücke gewährt den zahlreichen Wassersportlern Zugang zur Elbe. Ab hier können Sie entlang dem Kaltehofer Hauptdeich autofrei weiterfahren. Nach Unterquerung der Autobahn A 1 fallen rechter Hand zahlreiche Becken mit verschnörkelten Brunnenhäusern auf: das **Elbwasserwerk Kaltehofe**. Ein weiteres Sturmflut-Sperrwerk verbindet die Halbinsel Kaltehofe mit dem Stadtteil Rothenburgsort, wo die S-Bahnstation Anschluss an das Hamburger Schnellbahnnetz bietet.

Modernes Kraftwerk Tiefstack und Wasserwerk Kaltehofe: ein Naturparadies

Mit dem Boot in den Vier- und Marschlanden

Sie können die Vier- und Marschlande auch wunderbar auf dem Wasser erfahren. Mieten Sie sich ein Boot und befahren Sie auf einem etwa zwanzig Kilometer langen Rundkurs die relativ breite Dove-Elbe, die deutlich schmalere Gose-Elbe und den bis auf Bootsbreite mit Seerosen zugewachsenen Kanal Neuengammer Durchstich.

■ **Bootsvermietung** Kanu-Hafen Bergedorf Curslack, Curslacker Deich 375 ab Mai, Bus 223 von Bergedorf ZOB; Paddel-Meier Ochsenwerder, Heinrich-Osterath-Straße 256, Mai bis Sept., tägl. 10–18 Uhr, Bus 222 von Bahnhof Bergedorf, Ausgang Lohbrügge. Wichtig: Der Neuengammer Durchstich darf zum Schutz der Natur erst ab 15.6. befahren werden.

Gemeinsam paddelt es sich am schönsten in den Vier- und Marschlanden.

Die Dove-Elbe hinab Wenn Sie auf der Dove-Elbe starten und diese flussabwärts befahren, erreichen Sie nach einem Kilometer den Zusammenfluss mit dem Neuen Schleusengraben. Dieser ermöglicht es Schiffen, bis nach Bergedorf zu fahren. Hinter der nächsten Brücke steht auf der linken Seite die große **Windmühle Reitbrook**, ein dreigeschossiger Galerie-Holländer. Das Müllerhaus ist die Geburtsstätte von Alfred Lichtwark, dem ersten Direktor der Hamburger Kunsthalle. Wenn sich das Gewässer weitet, haben Sie den Zusammenfluss von Dove- und Gose-Elbe erreicht. Hier liegt das **Naturschutzgebiet** »**Die Reit**«. Es hat für Amphibien wie Vögel – über zweihundert Arten – überragende Bedeutung. Eine Ausstiegsmöglichkeit für Kanuten besteht an der Reit-Schleuse.

■ **Besichtigung** NABU-Forschungsstation Die Reit, Reitbrooker Westerdeich 68, 21037 Hamburg, Tel. 040/7 37 24 38. Die Forschungsstation ist vom 30. Juni bis 6. November besetzt und dient vor allem ornithologischen Untersuchungen.

Durch Gose-Elbe und Neuengammer Durchstich Nun geht es die deutlich schmalere Gose-Elbe hinauf. Hinter den steilen alten Deichen schauen die Dächer stolzer Bauernhöfe hervor. Die üppigen Fachwerkverzierungen repräsentieren den Reichtum der hiesigen Marschbauern. Nach sieben Kilometern geruhsamer Fahrt geht nach links der Neuengammer Durchstich ab. Obwohl schnurgerade, ist die Strecke durch den dichten Bewuchs von See- und Teichrosen sehr idyllisch. Nach zweieinhalb Kilometern erreichen Sie wieder die Dove-Elbe. Gleich rechts sind Sie wieder am Ausgangspunkt.

Dove- und Gose-Elbe

Dove- und Gose-Elbe sind Seitenarme der Elbe, die schon im 16. Jahrhundert im Oberlauf vom Hauptstrom getrennt wurden. Ihr gewundener Verlauf unterscheidet sie von vielen vom Menschen schnurgerade angelegten Gewässern. Beide Flüsse sind praktisch ohne Strömung, können also in beiden Richtungen gut befahren werden.

6 Wilhelmsburg mit dem Rad

■ **Ausgangspunkt**
Landungsbrücken
S1/S2/S3/U3/Fähren
■ **Endpunkt**
S-Bahnhof Veddel S3/S31
■ **Streckenlänge** 25 km

Sturmflut 1962

Die große Hamburger Sturmflut vom 16./17. Februar 1962 hat speziell in Wilhelmsburg ihre Spuren hinterlassen. Der Deich am Spreehafen wurde überspült und brach. Fast die gesamte Insel wurde teilweise meterhoch überschwemmt. Infolge der Katastrophe wurde beschlossen, das Reiherstiegviertel als Wohngebiet aufzugeben. Als Ersatz entstand Kirchdorf Süd.

Wilhelmsburg ist Deutschlands größte Flussinsel. Ihre Reize versteckt sie hinter Hafen-, Industrie- und Verkehrsanlagen. Das zu Unrecht schlechte Image des Stadtteils möchten die Planer der Internationalen Bauaustellung (IBA) und der Internationalen Gartenschau (igs 2013) ändern. Zeit, die verborgenen Schönheiten zu erfahren!

Anfahrt durch den Alten Elbtunnel Der Alte Elbtunnel ist für Radfahrer von Norden die reizvollste Zufahrt nach Wilhelmsburg. Durch den Hafen geht es bis zur **Zollstelle an der Ernst-August-Schleuse**. Die Fährstraße bringt Sie in das gründerzeitliche **Reiherstiegviertel,** wo neben Gemüsehändlern und Kebab-Buden zunehmend Studenten das Bild bestimmen.

Der IBA-Energiebunker und die igs An der Neuhöfer Straße finden Sie einen großen Bunker aus dem Zweiten Weltkrieg. Er wird im Zuge der IBA zu einem Energiebunker mit Solarzellen, Wärmepumpen und Warmwassertanks umgestaltet. Auf einer ehemaligen Industriebahntrasse, heute Gerd-Schwämmle-Weg, geht es zum **Wilhelmsburger Rathaus**. Hier möchten die Planer bis 2013 eine neue Stadtmitte realisieren. Der südlich angrenzende Park wird bereits für die Internationale Gartenschau umgestaltet.

Picknick am Teich: die grüne Seite von Wilhelmsburg

Kirchdorf und das Museum der Elbinsel Sie unterqueren die Wilhelmsburger Reichsstraße und biegen direkt dahinter rechts auf einen Wirtschaftsweg ab. Durch einen Kleingartenpark und über eine Bahnbrücke geht es nach Kirchdorf, dem historischen Herzen der Insel. Besuchen Sie das Museum Elbinsel Wilhelmsburg (1. April bis 31. Okt., So 14–17 Uhr, Eintritt kostenlos, www.mu-

seum-wilhelmsburg.de) im alten Amtshaus nur hundert Meter nördlich der **Kreuzkirche** aus dem 13. Jahrhundert.

■ **Einkehr** Gasthof Sohre direkt an der Kreuzkirche, tgl. ab 12 Uhr

Das Heuckenlock und die Bunthäuser Spitze Sie lassen Kirchdorf Süd und die A 1 hinter sich und erreichen den Deich der **Süderelbe**. Außendeichs liegt mit dem Naturschutzgebiet Heuckenlock eine ökologische Rarität: ein Süßwasserwatt. Informationen hält das **Elbe-Tideauenzentrum Bunthaus** (Tel. 040/75 06 28 31, Winterhalbjahr 1. Nov. bis 31. März: So 11–18 Uhr, Sommerhalbjahr 1. April bis 31. Okt.: Fr 14–18, Sa 11–18, So, Fei 11–18 Uhr) an der äußersten östlichen Stelle der Insel bereit. Dem hübschen alten **Leuchtturm** an der Bunthäuser Spitze sollten Sie aufgrund der weiten Aussicht einen Besuch abstatten!

IBA und igs

Von 2007 bis 2013 findet in Wilhelmsburg die Internationale Bauaustellung (IBA) statt. Sie beschäftigt sich mit den Problemfeldern »Stadt im Klimawandel« und »Internationale Stadt«. Parallel zur IBA findet 2013 die Internationale Gartenschau (igs) statt. Das Motto der igs lautet »In 80 Gärten um die Welt« und wird einen attraktiven Stadtpark für die Bewohner hinterlassen.

Durch das grüne Wilhelmsburg und zur BallinStadt Auf alten Deichlinien geht es Richtung Norden durch das von Wiesen und Gemüsebeeten geprägte Land. Nachdem Sie die A 1 erneut gequert haben, taucht bald die **Wilhelmsburger Windmühle** auf. Sie fahren von hier entlang der Wilhelmsburger Dove-Elbe. Direkt am Ernst-August-Kanal liegt der Biergarten **Zum Anleger** (Bootverleih s. S. 24). Folgen Sie der Ausschilderung Richtung Zentrum. Südlich des Müggenburger Zollkanals erreichen Sie das **Auswanderermuseum BallinStadt** (Okt.–April 10–16.30 Uhr, Mai–Sept. 10–17.30 Uhr. www.ballinstadt.de) und auf der Nordseite des Kanals das schwimmende **IBA-Dock** (»IBA at work«, Am Zollhafen) mit einer IBA-Ausstellung. Endpunkt der Radtour ist die S-Bahnstation Veddel.

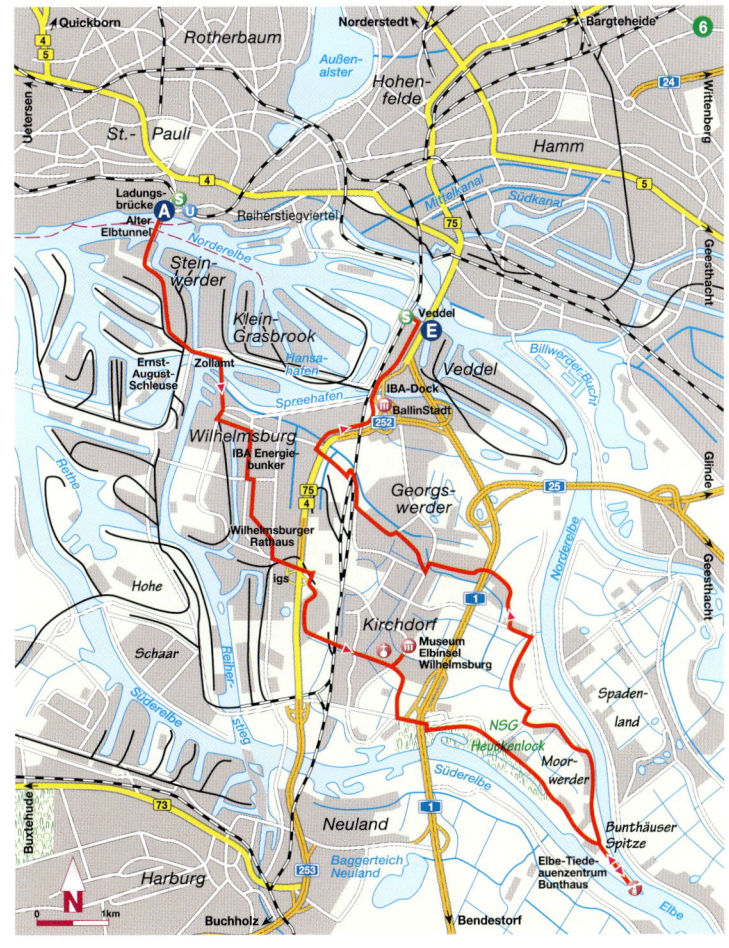

7

Paddeln auf den Wilhelmsburger Wasserwegen

■ **Ausgangs- und Endpunkt**
Vogelhüttendeich
■ **Streckenlänge**
ca. 10 km
■ **Einkehr und Bootsver-mietung**
Zum Anleger, Vogelhütten-deich 123, Tel. 040/
86 68 77 81

Die Wasserwege in und um Wilhelmsburg sind ein Geheimtipp für Kanuten. Eine ruhige Idylle inmitten der Industrielandschaft. Etwas mehr Schiffsbetrieb finden Sie nur im südlichen Teil des Reiherstiegs. Dort können Sie sogar Seeschiffen begegnen.

Auf Ernst-August-Kanal und Dove-Elbe Vom Anleger am Vogelhüttendeich paddeln Sie zunächst den Kanal nach Osten. Hinter der Bahnbrücke beginnt für rund anderthalb Kilometer die recht breite **Wilhelmsburger Dove-Elbe**. Die Idylle der blühenden Seerosen und die grünen Ufer täuschen darüber hinweg, das das Gelände hier sehr niedrig liegt und deshalb von der Sturmflutkatastrophe 1962 besonders betroffen war. Wenn die Dove-Elbe in einen Entwässerungsgraben übergeht, ist es Zeit, umzudrehen. Fahren Sie auf dem Rückweg auf jeden Fall in den **Jaffe-Davids-Kanal** und in den **Aßmannkanal**. Beide Stichkanäle gehen nach Süden. An ihren Ufern ist eine reizvolle Mischung aus bunten Containerstapeln, alten Industriegebäuden und Schrebergärten zu bewundern. Streckenlänge: rund acht Kilometer.

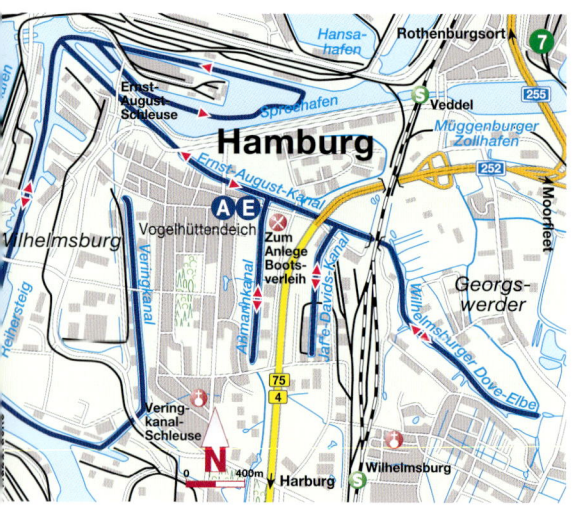

Durch die Ernst-August-Schleuse in den Hafen Sie fahren den Ernst-August-Kanal weiter nach Westen und kommen zur 1852 erbauten Ernst-August-Schleuse. Sie verbindet die Kanäle mit der Welt des Hafens. Beachten Sie, dass die Gewässer im Hafen von Ebbe und Flut beeinflusst sind und damit je nach Stand der Tide unterschiedliche Strömungsverhältnisse aufweisen.

■ **Hinweis** Ernst-August-Schleuse, Betriebszeit vom 1. April bis 31. Okt. Mo–Do 7–16.30 Uhr, Fr. 7–17.30, Sa. 8, 10, 14 und 17.30 Uhr, So und Fei 10 und 18 Uhr. – Bei Anmeldung mind. eine halbe Stunde vorher auch außerhalb dieser Zeiten. – Anmeldung: Rethe-Hubbrücke 040/753 33 91 oder Reiherstieg-Klappbrücke 040/75 83 35. – Schleusen-Gebühr bei Sportbooten bis zehn Meter Länge aktuell Euro 1,60, beim Schleusenwärter zu entrichten. – Weitere Informationen: http://www.hamburg-port-authority.de/betriebsinformation-und-service/bruecken-und-schleusenzeiten.html

Wenn Sie hinter der Schleuse direkt rechts abbiegen, gelangen Sie in den **Spreehafen**. Teilweise wird er von Binnenschiffen als Liegeplatz genutzt; am Ufer sorgen Hausboote für Abwechslung. Vom Anleger durch Schleuse und Spreehafen rund 6,5 Kilometer.

Auf dem Reiherstieg Von der Ernst-August-Schleuse führt Sie der Reiherstieg Richtung Süden. Ab der **Rethe-Hubbrücke** wird er auch von Seeschiffen befahren. Über den Äußeren Veringkanal gelangt man zur **Vering-Kanal-Schleuse** von 1896, Hamburgs ältester noch handbetriebener Schleuse. Auf dem anschließenden Kanal gibt es keine Berufsschifffahrt mehr. Die Ruhe wird lediglich durch Spaziergänger gestört, die in den teilweise neu gestalteten Grünbereichen unterwegs sind. Von Schleuse zu Schleuse durch den Reiherstieg und zurück rund acht Kilometer.

Wilhelmsburger Ausflugsziel: Ernst-August-Kanal

■ **Schleuse** Die Veringkanal-Schleuse wird von Hand bedient, eine Schleusung dauert ca. 30 Min. und kostet Euro 25,00. Die Anmeldung muss spätestens einen Tag vorher erfolgen, Tel. 04183/68 96. Umtragen ist zur Zeit noch nicht möglich.

Blick in die Zukunft Zurück geht es auf dem Reiherstieg und durch die Ernst-August-Schleuse, vorbei an einer kleinen Werft und Containerbergen. Im Biergarten der Bootsvermietung sollten Sie gleich einen Termin für die nächste Tour machen, denn spätestens 2013 wird die **Wasserwelt Wilhelmsburgs** nach verschiedenen Baumaßnahmen noch attraktiver sein, zum Beispiel wird das Gelände der Internationalen Gartenschau (igs 2013) auf einem Kanu-Rundkurs erlebbar werden.

Auch ein Industriekanal kann Interessantes bieten: Werft am Reiherstieg

8 Zwei Harburger »Bergwanderungen« für Anfänger

■ **Ausgangs- und Endpunkt**
S-Bahnhof Neuwiedenthal
bzw. S-Bahnhof Neugraben
■ **Anfahrt**
S 3/31 ab Hauptbahnhof
ca. alle 10 Min. Per Auto:
südlich der Süderelbbrücke
bzw. A 7 Abfahrt Heimfeld
auf die B 73 Richtung Cux-
haven, P+R an beiden Bahn-
höfen
■ **Streckenlänge**
Wanderweg ca. 15 km

Knapp 120 Meter hoch sind Hamburgs höchste Berge. Schaut man von Norden über das sieben Kilometer breite, etwa auf Höhe des Meeresspiegels liegende Elbtal, so erscheinen sie im Süden als dunkler Höhenzug: Die Schwarzen oder Harburger Berge locken mit Wanderpfaden durch Wald und Heide. Jenseits der Grenze zu Niedersachsen sind der bildschöne Wildpark Schwarze Berge und das vielseitige Freilichtmuseum am Kiekeberg Publikumsmagneten.

Naturschutzgebiet Fischbeker Heide

Infohaus Alter Schafstall

Ein Seeräuberversteck? Im Süden der Bahnlinie der S 3 und der B 73 ragen die **Harburger Berge** auf, nach Norden überschaut man den Hamburger Hafen und die grüne Elbmarsch. Vom Bahnhof Neuwiedenthal führt ein mit gelbem Pfeil ausgeschilderter Wanderweg bald auf **Schein-** und **Falkenberg**, die 60 bzw. 65 Meter hoch sind. Die Wälle am Gipfel des Falkenbergs stammen von einer Burg, die hier vom 9. bis 13. Jahrhundert bestand und von der man das Elbtal bestens im Blick hatte.

Gödeke Michels, Klaus Störtebekers Piratenkumpan, soll hier gekidnappte Seeleute eingesperrt haben, bis das Lösegeld für sie eintraf. Tatsächlich lebten diese Seeräuber aber viel später: 1401 wurden sie in Hamburg einen Kopf kürzer gemacht. Vermutlich diente die heute verschwundene Burg zum Schutz gegen Wikingereinfälle.

Tipp
Die Vogelwelt der Fischbeker Heide umfasst neben Waldvögeln wie Kleiber, Goldhähnchen oder Meisen auch seltenere Arten wie Heidelerche, Waldohreule und Ziegenmelker, eine Nachtschwalbenart. Bei einer nächtlichen Wanderung durch des Fischbektal im Mai/Juni – am stimmungsvollsten bei Vollmond – ist das geheimnisvolle Gurren der nachtaktiven Ziegenmelker ein unvergessliches Erlebnis.

Vom Heidefriedhof zu prähistorischen Gräbern Diese Hügel gehören zum 773 Hektar großen **Naturschutzgebiet Fischbeker Heide**. Während man über die Bergrücken wandert, begleitet einen im Westen ein meist mit Einzelhäusern bebautes **Trockental**, dessen Talsohle der Falkenbergsweg bildet.

Fischbeker Heide

Nach intensiver militärischer Nutzung im Zweiten Weltkrieg, drohender Zersiedlung sowie Abbau von Sand und Kies stellte Hamburg das Wald- und Heidegebiet der Fischbeker Heide unter Naturschutz. Kiesgruben wurden renaturiert, Wanderwege angelegt und für die Pflege der Heide eigens eine Schafherde angeschafft. Nach vielen Jahrzehnten erscheinen Flora und Fauna heute ganz natürlich. So blieb das Fischbektal erhalten, ein imposantes Trockental, das während der arktischen Verhältnisse der letzten Eiszeit seine Form erhielt.

Waldfrieden, die Endstation der Buslinie 240, liegt auf der Höhe des neuzeitlichen **Heidefriedhofs**. Westwärts gelangt man durch das Waldgebiet zu jahrtausendealten Gräbern: Die restaurierten Hügelgräber vom Ende der Steinzeit, aus der Bronze- und der vorrömischen Eisenzeit werden auf Schautafeln erläutert. Dieses Geestgebiet ist von der Jüngeren Steinzeit bis etwa Christi Geburt besiedelt gewesen, und gerade hier häufen sich prähistorische Begräbnisstätten. Dem insgesamt vier Kilometer langen **Archäologischen Wanderpfad** folgt man bei dieser Wanderung auf einer kürzeren Strecke und passiert auch die **Mergelgruben**: Mit dem kalkhaltigen Material verbesserten die Bauern ihre kargen, »ausgemergelten« Sandböden bis ins 20. Jahrhundert. Wir wandern vorbei an verkrüppelt wirkenden Bäumen, aus denen Bauern einst Feuerholz und Viehfutter schlugen, durch den bewaldeten oberen Talgrund des **Fischbeker Trockentals**.

Kinder haben ihre helle Freude an den Heidschnucken.

Im Wildpark Schwarze Berge: mit der Schleiereule auf Du und Du

Alter und neuer Schafstall Der Weg quer durchs Tal nach Osten führt durch Heide und Wald zum **Naturschutz-Informationszentrum** Alter Schafstall, das von der Loki-Schmidt-Stiftung unterstützt wird. In dem reetgedeckten Fachwerkhaus werden Natur und Kultur der Fischbeker Heide detailliert erklärt, und vielseitige Führungen starten von hier. Nebenan hat die Fischbeker Schafherde einen neuen, größeren Stall bezogen. Die Hunde des Schäfers sind die einzigen, die in diesem Naturschutzgebiet frei herumlaufen dürfen.

■ **Information** Naturschutz-Informationszentrum Alter Schafstall, Fischbeker Heideweg 43, Tel. 702 66 18, April bis Okt. Di–Fr 10–13, So 11–17 Uhr, sonst Mi, Fr 10–13 Uhr. Führungen nach Vereinbarung.

■ **Einkehr** Nach Absprache mit dem Naturschutz-Informationszentrum können dort Kaffee und Kuchen serviert werden. Picknickmöglichkeit auf dem Gelände.

Herzliche Begegnung von Tier und Mensch im Wildpark Schwarze Berge

Durch Heide und Wald nach Neugraben Der westliche Talhang grenzt an eine weite Heidefläche, wo man an manchen Tagen **Segelfliegern** zuschauen kann.

Über Waldwege und an offenen und renaturierten Kiesgruben vorbei gelangt man zum unteren Ende des Fischbektals und ostwärts zum Zentrum von Neugraben, dann zum Bahnhof.

Wildpark Schwarze Berge und Freilichtmuseum Kiekeberg

Bei wilden und zahmen Tieren Der 1968 gegründete Wildpark Schwarze Berge empfängt seine Gäste mit einem herrlich gepflegten Garten neben einem fantastischen Spielplatz, aber dann geht es in das unverfälschte Waldgebiet der Schwarzen Berge, ergänzt durch Wiesen, Seen und Flüsschen. So erlebt man Elche, Dam- und Rotwild oder Muffelwild wie in freier Wildbahn. Spektakulär ist das Wolfsgehege, wo man von einer hohen Mauer auf das Wolfsrudel schaut. Auch Luchse, Störche, Iltisse, diverse Haustiere und viele Vögel kann man kennenlernen sowie Schafen und Ziegen im Streichelzoo ganz nahe kommen. Beliebt sind die Grillplätze, eine tolle Sicht auf Hamburg bietet der Elbblickturm und hochinteressant sind die Führungen oder Rallyes des Natur-Erlebnis-Zentrums (April bis Okt. tägl. 8–18 Uhr, sonst 9–17 Uhr). Und wer hätte hier Kunsthandwerker erwartet? Sie bieten ihre Arbeiten von April bis November in einer großen Werkhalle an, die in der kalten Jahreszeit den wärmeliebenden Tieren als Winterlager dient.

■ **Einkehr** Restaurant und Imbisse im Wildpark; Grillwürstchen kann man vor Ort kaufen.

Unterhaltsames Landleben Der kurze Fußweg vom Wildpark zum **Freilichtmuseum am Kiekeberg** (kieken = kucken) (März bis Okt. Di–Fr 9–17, Sa/So 10–18 Uhr) bietet freie Sicht über Äcker und Gärten. Im Museumsgelände stehen über dreißig historische ländliche Bauten aus der Winsener Marsch und der Lüneburger Heide. Hoftiere wie Schafe, Rinder, Pferde oder Hühner machen die Anlage überaus lebendig. An bestimmten Terminen wird Schnaps gebrannt oder Brot gebacken. Vielbesuchte Aktionstage sind Traktorentreff, Käsemarkt, Schlachtfest oder Historischer Jahrmarkt. Attraktiv ist das Museum selbst bei Schlechtwetter: Einfallsreiche Ausstellungen beleuchten das Landleben von der Steinzeit bis heute, der Museumsladen verkauft Bioprodukte, und die Restaurants verwöhnen mit qualitätvoller Landkost. In den alten Hofbauten wird gelegentlich auch musiziert. Der Bus 340 zu den S-Bahnhöfen Neuwiedenthal oder Harburg hält nahe dem Museumseingang.

■ **Einkehr** »Stoof Mudders Krog«, historischer Gasthof auf dem Museumsgelände

■ **Ausgangs- und Endpunkt**
Wildpark Schwarze Berge bzw. Freilichtmuseum Kiekeberg
■ **Anfahrt**
S 3/31 bis S-Bahnhof Neuwiedenthal oder Harburg, dann Bus 340, Haltestellen am Wildpark und am Museum. Wer gern wandert, nimmt Bus 240 von S-Bahnhof Neugraben bis Waldfrieden und geht 20 Min. zum Wildpark. Per Auto: A 7 Abfahrt Marmstorf, dann der Ausschilderung folgen
■ **Streckenlänge**
Fußweg Wildpark Schwarze Berge bis Freilichtmuseum Kiekeberg gut ein Kilometer; Fußweg Bushaltestelle Waldfrieden bis Wildpark Schwarze Berge ca. 2,5 km
■ **Information**
www.wildpark-schwarze-berge.de; www.kiekeberg-museum.de

Blick über den Hofzaun im Freilichtmuseum Kiekeberg

9

Paddeln auf Osterau und Bramau

■ **Ausgangspunkt**
Die Einsatzstellen sind mit dem Pkw über die A 7, Ausfahrt Bad Bramstedt, zu erreichen
■ **Endpunkt**
Kellinghusen oder Wittenbergen, von Bad Bramstedt über die B 206
■ **Streckenlänge**
20 km Bootstour
■ **Einkehr**
Restaurants und Cafés findet man in Bad Bramstedt, Wrist und Kellinghusen, Hof-Café auf Hof Weide
■ **Information**
Tourismusbüro Bad Bramstedt, Tel. 04192/5 06 27
■ **Bootsvermietung**
Rolandkanu Bad Bramstedt, Tel. 04192/8 53 47. Kanuverleih Sport-Kanu-Horns Wittenbergen, Tel. 04822/76 52

Die Osterau gehört zu den wenigen naturbelassenen Fließgewässern in Schleswig-Holstein. In engen Schleifen windet sie sich zwischen Weiden und Schwarzerlen durch die stille Landschaft. Hinter Bad Bramstedt heißt sie Bramau und fließt etwas ruhiger. Speziell die Osterau ist durch die Kurven, Hindernisse wie Baumstämme und Schwallstrecken für Anfänger nicht geeignet.

Start in Weide-Bass oder Bimöhlen Bei ausreichendem Wasserstand, meistens bis Juni, können Sie die Paddeltour bereits an der Straßenbrücke nördlich von **Hof Weide** beginnen. Im Sommer/Frühherbst empfiehlt sich die Einsatzstelle Bimöhlen (Pegelstände unter www.umweltdaten.landsh.de/public/hsi/pegellistebinnen.html). Von Weide-Bass bis Bimöhlen sind es rund 6,5 Kilometer.

Die Osterau, eine Naturschönheit Die Osterau ist naturbelassen und nicht begradigt. In engen Windungen schlängelt sie sich unter Bäumen dahin. Unter den ins Wasser ragenden Wurzeln der Erlen und Weiden finden viele Tiere wie zum Beispiel der Flusskrebs ihren Lebensraum. Der Flutende Wasserhahnenfuß bildet im Sommer dichte Bestände, durch die der Paddler vorsichtig seine Bahn ziehen muss. Die leichte Strömung und das dicht bewachsene Ufer sind ein idealer Lebensraum für Prachtlibellen.

Von Bimöhlen bis Bad Bramstedt Die Stille der Landschaft wird nur einmal durch die A 7 unterbrochen, die Sie kurz hinter der Einsatzstelle Bimöhlen unterqueren. Nach sechs Kilometern wird Bad Bramstedt erreicht. Das ehemalige Wehr der historischen **Wasser-**

mühle ist inzwischen zu einer Fischtreppe umgestaltet worden. Sie kann nicht befahren werden, der Abschnitt bis zum unteren Ende der **Osterauinsel** (rund hundert Meter) muss umgetragen werden.

Die Osterau plätschert mitten durch Bad Bramstedt. Im Hintergrund sieht man die Maria-Magdalenen-Kirche.

Aus Osterau wird Bramau Unterhalb der Einsatzstelle folgt eine Schwallstrecke mit relativ starker Strömung. Dann fließt von links die Schmalfelder Au, hier Hudau genannt, zu. Ab jetzt sind Sie auf der baumgesäumten Bramau unterwegs. Die Strömung ist weiter deutlich spürbar und bis **Föhrden-Barl** sind zwei ehemalige Wehre zu passieren. Bad Bramstedt bis Föhrden-Barl ca. 7,5 Kilometer.

Leichtes Paddeln in Richtung Stör Hinter Föhrden-Barl erreicht die Bramau die flache **Marsch**. Die Fließgeschwindigkeit lässt deutlich nach. Der Fluss ist nun leicht zu bewältigen. Hinter **Wrist** macht sich allmählich der Einfluss von Ebbe und Flut bemerkbar, Sie nähern sich der Mündung der Bramau in die **Stör**. Föhrden-Barl bis Bramau-Mündung ca. 7,5 Kilometer.

Ziel in Wittenbergen oder Kellinghusen Die Stör wird kaum noch von größeren Schiffen befahren. Je nach Tide bieten sich nun zwei Möglichkeiten zur Weiterfahrt an: Nach links erreichen Sie nach wenigen hundert Metern die Aussatzstelle an der Brücke in Wittenbergen. Bei auflaufendem Wasser können Sie alternativ nach rechts die Stör etwa drei Kilometer flussaufwärts fahren und in Kellinghusen aussetzen.

10

Autotour von Fledermaus-höhlen zum Erlebniswald

Segeberger Kalkberg

Der einst rund 114 Meter
hohe Segeberger Kalkberg
war im Mittelalter von einer
Burg, später einem Renais-
sanceschloss gekrönt, das
die Schweden im Dreißig-
jährigen Krieg zerstörten.
Dann wurde der Gips weit-
räumig als Baumaterial gewonnen, was den Hügel bis
zum Ende des Abbaus
1931 auf neunzig Meter
abflachte. Während der malerische Bergrest seit 1952
im Sommer als Kulisse für
die jährlichen Karl-May-
Festspiele dient, wurden
die Kalkhöhlen schon bald
nach ihrer Entdeckung zur
Touristenattraktion.

Bevor die Segeberger ihren Kalkberg als Burgenplatz, Baustoff-
quelle, Kulisse für Karl-May-Festspiele und andere Zwecke
nutzten, hatten Fledermäuse längst die Kalkhöhlen als Winter-
quartier entdeckt – die Ausstellung Noctalis offenbart ihr
geheimnisvolles Leben. Südlich der Siedlung Trappenkamp
entstand aus einem riesigen Wildpark ein vielfältiges Erlebnis-
zentrum zum Thema »Wald«.

Bad Segeberg und sein Kalkberg Die Fahrt von Hamburg nach Bad
Segeberg führt durch die vielfältige **Hügel- und Seenlandschaft**,
welche die Gletscher der letzten Eiszeit hinterlassen haben. Unterir-
disches Salz hat in Bad Segeberg den markanten Segeberger Kalkberg – eigentlich ein Gipshügel – in die Höhe gepresst; das Salz war
seit dem 19. Jahrhundert Grundlage für den **Kurbetrieb** der Stadt.
Erst 1913 fanden Kinder den Eingang zu den **Kalkberg-Höhlen**.

Noctalis Fledermaus-Zentrum In den Höhlen herrschen rund hundert Prozent Luftfeuchtigkeit und eine Temperatur von 8,5°C. Seit
langem leben hier Fledermäuse. Die Forschungsstelle Fledermaus-Zentrum beobachtet die fliegenden Säuger und vermittelt
das Wissen um sie in der Erlebnisausstellung Noctalis (April bis
Sept. Mo–Fr 9–18, Sa, So 10–18 Uhr, Okt. bis März keine Höhlen-
führung, Ausstellung Mo–Fr 9–17, Sa, So 10–18 Uhr). Sie werden
an hochsensiblen Lichtschranken an den Haupteinflugstellen ge-

So macht Lernen übers Wasser
richtig Spaß: Erlebniswald
Trappenkamp

zählt. Höhlenbesichtigungen sind nur von April bis September möglich, wenn sich weniger Fledermäuse dort aufhalten. In der übrigen Zeit muss Ruhe herrschen: Dann überwintern hier rund 20 000 Tiere – jede Störung würde sie entkräften. Doch Noctalis ist eine so spannende Ausstellung, dass sich der Besuch das ganze Jahr über lohnt.

ErlebnisWald Trappenkamp Fahren Sie östlich um den Segeberger See zum Waldgebiet südlich von Trappenkamp: Sie erleben erst Schleswig-Holsteins östliches Hügelland, das die Gletscher der letzten Eiszeit bedeckten, dann die außerhalb dieses Eispanzers gelegenen Sandflächen. Auf einem solchen »Sander« liegt Schleswig-Holsteins führendes **waldpädagogisches Zentrum**, der ErlebnisWald Trappenkamp (Di–So u. Fei 9–19 Uhr, Mo freier Zugang). Im Wildfreigehege kann man herrliche Spaziergänge durch Wald und Wiese machen und Rehe, Hirsche oder Wildschweine entdecken, doch besonders viel Aufmerksamkeit schenkt man hier dem Wissens- und Erlebnishunger von Kindern: Wichtelwald und Märchenpfad, Falknerwiese, Hochseilgarten oder Abenteuerspielplatz, die WaldWasserWelt oder der Blütengarten laden zum Mitmachen, Staunen und Verstehen ein. In der **Waldausstellung** wirft man sogar einen Blick in ein lebendes Ameisennest. Mit dem Hundewald hat man auch an Gast-Hunde gedacht. Das ganze Jahr über werden viele Aktionen veranstaltet; man kann hier grillen und sich Bollerwagen ausleihen. Die A 21 östlich des Waldes macht die Rückfahrt nach Hamburg einfach.

■ **Einkehr** Gasthaus vor Ort

Im Erlebniswald Trappenkamp kann jeder auf eigene Faust die Natur erfahren und ihre Vielfalt kennenlernen.

11

Mit dem Rad auf der alten Bahntrasse von Henstedt-Ulzburg nach Bad Oldesloe

■ **Ausgangspunkt**
Station Ulzburg AKN A 1
■ **Anfahrt**
von Hamburg mit S21/A1
(umsteigen in Eidelstedt)
oder via Norderstedt U 1/A 2
bis Ulzburg-Süd, danach mit
dem Rad
■ **Endpunkt**
Bahnhof Bad Oldesloe, Regionalexpress RE 10
■ **Streckenlänge**
30 km
■ **Einkehr**
Dorfkrug Grabau, Di–Fr. ab
16 Uhr, Sa/So ab 11 Uhr,
Mo Ruhetag. Glacehaus Bad
Oldesloe, Hamburger Straße
150 (B 75 am Ortseingang
von Blumendorf), Mo–Sa ab
11 Uhr, So ab 9 Uhr

Zu einer erholsamen und fast komplett autofreien Radtour lädt die Bahntrasse der Elmshorn-Barmstedt-Oldesloer Eisenbahn ein. Sanft auf und ab geht es durch die Hügellandschaft der Geest.

Start in Henstedt-Ulzburg Wenden Sie sich an der Haltestelle nach Süden. Der Radweg auf der Bahntrasse beginnt auf der Ostseite der Hamburger Straße, Ecke Beckersbergstraße und ist ausgeschildert. Die Siedlung reicht hier noch dicht an den Weg, doch schon bald erreichen Sie den Ortsrand. Weitab der Straßen folgt der Weg den Konturen der Landschaft. Zur Linken erkennen Sie in einiger Entfernung die **Windmühle von Götzberg** (seit 2008 wieder betriebsfähig, Besichtigung n.V., Tel. 04193/22 26).

Obstbäume säumen den Weg Falls es Sie überrascht, dass am Weg so viele Obstbäume stehen: Sie sind auf Europas längstem **Obstgehölzlehrpfad**. Entlang der Bahntrasse wurden 1996 insgesamt 163 alte Obstgehölze gepflanzt. Neben Äpfeln wachsen auch Kirschen, Birnen und Zwetschgen und laden im Spätsommer zum Probieren ein.

Elmshorn-Barmstedt-Oldesloer Eisenbahn

Gebaut wurde die Bahn 1904 durch die private Elmshorn-Barmstedt-Oldesloer Eisenbahn. Von Bedeutung war sie eigentlich nur im Zweiten Weltkrieg. 1973 wurde der Betrieb eingestellt, die Gleise abgebaut. Es gab sieben Unterwegsbahnhöfe, einige kleine Bahnhofsgebäude können Sie an der Strecke noch finden.

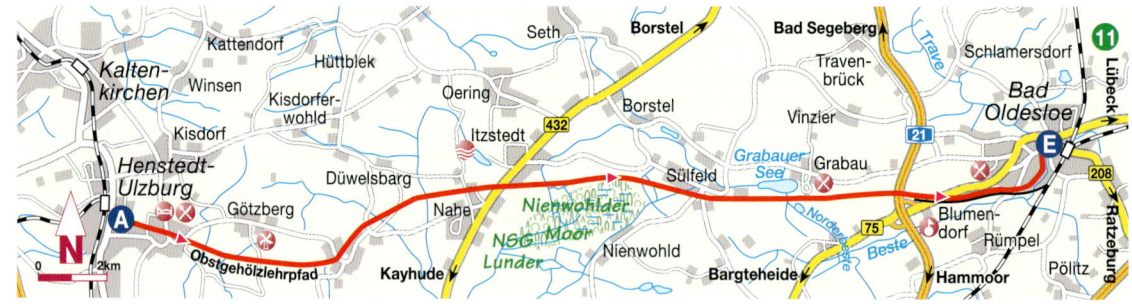

In Nahe queren Sie die B 432. Brauchen Sie eine Abkühlung? Es sind zwei Kilometer zum Naturbad am Idstedter See. Die Bahntrasse führt durch das Naturschutzgebiet **Lunder** und **Nienwohlder Moor**. Kurz vor Sülfeld dann ein unscheinbarer Graben, der ehemalige **Alster-Beste-Trave-Kanal**. Die Hansestädte Hamburg und Lübeck schufen ab 1448 eine direkte Wasserverbindung – das Projekt scheiterte jedoch aus Wassermangel kläglich.

Über Grabau nach Bad Oldesloe Kurz vor Grabau wird das Flüsschen **Norderbeste** auf einem hohen Damm gequert. Direkt dahinter lädt Sie ein Naturerlebnispfad zum Erkunden von Landschaft und Tierwelt rund um den **Grabauer See** ein. Sie durchfahren einen langen Einschnitt, dann geht es sanft hinunter Richtung Blumendorf. Der dortige Bahnhof verfügt noch über Gleisanlagen, da von hier ein Industriegebiet bedient wird. Ein ansehnliches barockes Gutshaus ist das **Blumendorfer Schloss**, das seit zweihundert Jahren der Familie Jenisch gehört. Es ist nur bei Konzerten, den Blumendorfer Begegnungen, zugänglich.

Auf dem neu angelegten Radweg folgen Sie weiter der Bahntrasse und dem Fluss **Beste** bis in die Innenstadt von Bad Oldesloe und zum Bahnhof.

Gut Grabau: Noble Unterkunft für edle Zuchtpferde

Bad Oldesloe

Die heute durch Industrie und Verwaltung geprägte Stadt wurde erstmals 1163 urkundlich erwähnt. Kurort wurde sie 1813. Der Badebetrieb endete mit dem Ersten Weltkrieg. In den letzten Tagen des Zweiten Weltkriegs schwer zerstört, zeigt die Altstadt im Bereich des sogenannten Heiliggeistviertels ihren ursprünglichen Charakter.

12

Travemünde-Timmendorf – klassische Wanderung an der Lübecker Bucht

■ **Ausgangs- und Endpunkt**
Bahnhof Travemünde Hafen
bzw. Bahnhof Timmendorfer
Strand
■ **Anfahrt**
Bahnfahrt stündlich ab
Hamburg über Lübeck. Per
Auto A 1/A 226/B 75
■ **Rückfahrt**
Ca. alle zwei Stunden ab
Bahnhof Timmendorfer
Strand. Linienbusse nach
Travemünde
■ **Streckenlänge**
9 km
■ **Information**
www.luebeck-tourismus.de,
www.timmendorfer-strand.de
■ **Einkehr**
Restaurants in Travemünde,
Niendorf und Timmendorf;
Restaurant Hermannshöhe
am Brodtener Ufer mit bes-
ter Aussicht

Travemünde

Die cleveren Lübecker
Kaufleute kauften 1329
dem Grafen von Holstein
das Stück Land an der
Mündung der Trave in die
Ostsee ab, um die Kon-
trolle über die sensibelste
Stelle des wichtigen Was-
serwegs zu erlangen. Bis
heute gehört Travemünde
zu Lübeck.

In Travemünde bestaunt man riesige Ostseefähren und nostalgische Traditionsschiffe oder man genießt den herrlichen Sandstrand der Lübecker Bucht. Entlang dem Brodtener Hochufer hat man auf vier Kilometern einen großartigen Meerblick. Gemütliche Hafenatmosphäre bietet Niendorf, während das mondäne Timmendorfer Strand mit schönem Badestrand, dem Sea Life Meeresaquarium und exquisiten Boutiquen lockt.

Weltoffenes Travemünde Vom Bahnhof Travemünde-Hafen ist man rasch an der Travepromenade. Auf der Trave ist viel los: Ausflugsschiffe, Segelboote oder riesige Ostseefähren gleiten ganz nahe an einem vorüber. Auf der **Halbinsel Priwall** gegenüber ankert die stolze Viermastbark »Passat«, die von 1911 bis 1959 über die Ozeane der Welt segelte. Läden und Restaurants in gemütlichen Kleinstadthäusern verbreiten schönste Urlaubsstimmung. Das Hochhaus des Maritim-Hotels direkt am Ostseeufer bietet vom Café in über hundert Meter Höhe einen grandiosen Ausblick auf die weite **Lübecker Bucht**. Der helle Sandstrand nordwärts ist beliebtes Wochenend-Ausflugsziel, doch die 1700 Strandkörbe hier verheißen nicht unbedingt Sonntagsruhe. Wenn man weiterläuft, kehrt Stille ein, und der Wanderweg führt auf das Hochufer.

Am Brodtener Ufer Weniger als zwanzig Meter über dem Meeresspiegel wandert man in einem weiten Bogen rund vier Kilometer am Brodtener Hochufer entlang. Was für eine Aussicht aufs Meer und das ebenmäßige Rund der Lübecker Bucht! Der **Abbruchkante** sollte man nicht zu nahe kommen: Seit Tausenden von Jahren schon verschieben Wind und Wasser die hohe Uferkante landeinwärts – manchmal brechen ganze Uferpartien ab.

Niendorf mit Hafenromantik Südlich von Niendorf senkt sich das Hochufer, und man wandert auf der Promenade am Strand entlang. Reizend ist der kleine Niendorfer Hafen, in dem ein paar Fischerboote liegen. Wer gern Fisch isst, sollte in einem der kleinen Hafenrestaurants einkehren!

Timmendorfer Strand, schick und interessant Das bescheidene Niendorf gehört zum mondänen Nachbarort Timmendorfer Strand mit Villen und feinen Hotels. Auf der Höhe der gepflegten **Kuranlagen** führt vom schönen, breiten Strand eine lange **Seebrücke** in die Ostsee hinaus. Die Fußgängerzone wartet mit exklusiven Geschäften auf. Sehr zu empfehlen ist das spannende und vielseitige **Meeresaquarium Sea Life Timmendorf** (Juli/August tägl. 10–19 Uhr, Nov. bis März 10–17, sonst 10–18 Uhr, www.sealife-timmendorf.de), das überaus anschaulich das Leben in Atlantik, Nord- und Ostsee darstellt. Der Bahnhof im Westen des Ortes ist vom Zentrum in zwanzig Minuten erreicht.

Das herrliche Farbenspiel von Rapsblüte, Ostsee- und Himmelsblau erlebt man in der Lübecker Bucht im Mai.

Brodtener Hochufer

An wenigen Stellen der Hochuferstrecke führen Treppen vom Wanderweg in der Höhe zum Strand hinunter. Manche Besucher ziehen diesen dem Höhenweg vor, wenn nicht gerade der Ostwind peitscht und die Wellen am Steilufer lecken. Am Ufersaum liegt das gröbere Moränenmaterial der letzten Eiszeit. Man findet wunderlich geformte Feuersteine, bunte Granite oder Gneise, viele Sedimentgesteine mit Fossilien – und mit Glück auch ein angeschwemmtes Stück Bernstein.

13

Fahrradrundfahrt von Travemünde in den Klützer Winkel

■ **Ausgangs- und Endpunkt**
Bahnhof Travemünde-Hafen
■ **Anfahrt**
Bahnfahrt bis/ab Travemünde-Hafen
■ **Streckenlänge**
75 km
■ **Information**
Tourist-Information Boltenhagen, Ostseeallee 4, 23946 Boltenhagen, Tel. 038825/36 00, www.boltenhagen.de; Stadtinformation Klütz, Im Thurow 14, 23948 Klütz, Tel. 038825/2 22 95, www.kluetz.de
■ **Einkehr**
in Boltenhagen, Klütz und Dassow

Der mecklenburgische Teil der Lübecker Bucht ist so recht etwas zum Abschalten – ein paar Badeplätze, Buchenwald am Hochufer, weite Blicke aufs Meer. Badestrandtrubel bietet erst Boltenhagen an seiner geschwungenen Bucht. Im Hinterland der fruchtbare Boden des Klützer Winkels: Er machte die Gutsherren reich, man bestaunt Schlösser wie Kalkhorst, Groß Schwansee und Bothmer.

Priwall und Pötenitzer Wiek Rasch gelangt man vom Bahnhof Travemünde-Hafen zur Priwall-Fähre, die nicht lange auf sich warten lässt. In wenigen Minuten ist man über die flache Halbinsel Priwall geradelt und an der Landenge zwischen **Lübecker Bucht** und Pötenitzer Wiek angekommen, wo man heute ungehindert von Schleswig-Holstein nach Mecklenburg gelangt.

Die Schlösser Kalkhorst und Groß Schwansee Statt dem Ostsee-Radweg entlang der Küste zu folgen, dem einstigen Grenzpostenweg zu DDR-Zeiten, begeben wir uns über **Pötenitz** und **Harkensee** ins Hinterland nach **Kalkhorst** mit seiner ungewöhnlich großen gotischen Backsteinkirche aus dem 14. Jahrhundert, in der spätgotische Malereien erhalten sind. Die Gutsherrschaft verfolgte einst den Gottesdienst von der reich verzierten Empore (18. Jahrhundert) aus.

Priwall

Zur Zeit des Kalten Krieges war am östlichen Priwall die westliche Welt zu Ende, in Pötenitz und Umgebung die östliche. Besonders scharf bewacht wurde das mecklenburgische Ostseeufer gerade hier, wo das Maritim-Hotel von Travemünde zum Greifen nahe lag oder die riesigen Ostseefähren Sehnsüchte weckten.

Das Jungmoränenland hier im **Klützer Winkel**, dem Gebiet zwischen Wismarer und Lübecker Bucht, ist sehr fruchtbar. Die hiesigen Adelsgüter fuhren beachtliche Erträge ein, die von vergleichsweise großen Äckern kamen. Diese waren nach dem Zweiten Weltkrieg ideal für die agrarische Kollektivwirtschaft der DDR. **Gutshäuser und Schlösser** der vertriebenen Besitzer verwandelte man damals zumeist in Schulen, Altersheime oder Verwaltungsgebäude. Mittlerweile sind viele reprivatisiert, restauriert und oft auch Touristen zugänglich. Ein schönes Beispiel ist Schloss Kalkhorst, anderthalb Kilometer südöstlich des gleichnamigen Dorfes: Das verspielte Backsteinschloss im neugotischen Stil mit herrlichem Park diente 1774 bis 1934 der Familie von Biel als Wohnsitz, danach war es unter anderem Tagungsstätte, Krankenhaus und Fachschule, heute werden dort Gastzimmer vermietet. Aus dem 1745 erbauten barocken Schlossgut Groß Schwansee nahe der Küste wurde ein elegantes Hotel mit Wellnessbetrieb – einige Zimmer haben Meerblick.

Wer das Tempo verlangsamt, sieht mehr von den Schönheiten der Mecklenburgischen Ostseeküste.

Boltenhagen, zweitältestes Ostseebad Mecklenburgs Ein besonders schöner Küstenabschnitt, an dem auch einige Badeplätze liegen, ist der **Brooker Wald**. Man radelt durch schattigen Buchenwald direkt an der hohen Küste und freut sich über schöne Aussichten aufs Meer. Landeinwärts findet man das mittelalterliche **Elmenhorst** mit seiner gotischen Dorfkirche aus Feld- und Backsteinen und gelangt in Boltenhagen wiederum ans Meer: Dem Familienbad an der halbrunden Bucht sieht man kaum an, dass es schon seit 1803 Badetradition hat. Beim Spaziergang auf der **Seebrücke** kann man reichlich Seeluft tanken, bevor man sich wieder dem Binnenland zuwendet.

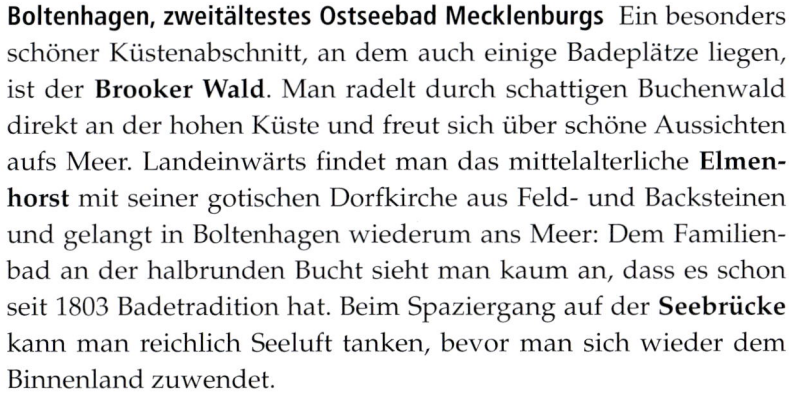

An zahlreichen Stellen hat die Mecklenburgische Ostseeküste ein Steilufer.

Klütz und Uwe Johnson Eine Bilderbuch-Kleinstadt mit Markt, mittelalterlicher Kirche und Kopfsteinpflaster ist Klütz, das dem »Speckwinkel«, wie der fruchtbare Klützer Winkel auch genannt wird, den Namen gab. Was heutige Touristen als malerisch empfinden, beschrieb Uwe Johnson in seinen »Jahrestagen« durchaus kritisch, nannte den Ort »Jerichow« und bestritt immer, dass Klütz damit gemeint sei. Das stört die Klützer nicht, ebenso wenig, dass einige der handelnden Personen des fiktiven Ortes Jerichow im politischen Hin und Her des 19. und 20. Jahrhunderts nicht gerade sympathisch sind. Hier gibt es einen »Förderverein Uwe Johnson« und seit 2006 in einem umgebauten über hundertjährigen Getreide-

Uwe Johnson (1934–1984)

Der Schriftsteller wuchs in Mecklenburg auf, studierte in Rostock, wo er wegen seiner kritischen Haltung exmatrikuliert wurde, und in Leipzig. Er wechselte nach West-Berlin, verbrachte einige Jahre in New York und sein Lebensende in England. Seine Bücher, wie »Mutmaßungen über Jakob«, mit dem er 1959 seinen Durchbruch errang, »Das dritte Buch über Achim« oder »Jahrestage« spüren intensiv dem Verhalten von Individuen in der wechselvollen deutschen Geschichte des 20. Jahrhunderts nach.

speicher das **Literaturhaus Uwe Johnson** (Mai bis Sept. Do–Di 10–17 Uhr, sonst bis 16 Uhr, Sa/So ab 11 Uhr, www.literaturhaus-uwe-johnson.de), ein Kulturhaus mit vielen Veranstaltungen. Neben einer Dauerausstellung zum Schriftsteller beherbergt es die öffentliche Bücherei; auch die Touristeninformation befindet sich hier. Die **Klützer Literaturtage** mit Lesungen finden im Sommer statt.

Die **Klützer Mühle** am nördlichen Ortsrand passt so recht in das Bild des anmutigen Städtchens Klütz. Ein schönes Restaurant verteilt sich auf mehrere Stockwerke der Holländer-Windmühle aus dem Jahr 1904 (März bis Anf. Nov. tägl. ab 11 Uhr, regionale Küche).

Schloss Bothmer Westlich der Stadt Klütz breitet sich das imposante Schloss Bothmer aus, das größte Barockschloss Mecklenburg-Vorpommerns. Als Vorbild der 1732 fertiggestellten Anlage diente dem Gutsherrn Reichsgraf Hans Caspar von Bothmer das 1722 erbaute englische Schloss Blenheim Palace. Der spektakuläre symmetrische Bau auf einer künstlichen Insel gruppiert sich vor einem Rondell mit Springbrunnen, eine beschnittene Lindenallee (Festonallee) führt zum Vorwerk Hofzumfelde. Das sanierungsbedürftige Schloss ist jetzt im Besitz des Landes Mecklenburg-Vorpommern, die Anlage dient öfter als Festspiel- und Filmkulisse. Der **Park** ist öffentlich zugänglich.

Jerichow oder nicht: In Klütz feiert man den Schriftsteller Uwe Johnson mit einem Literaturhaus und vielen Aktionen.

■ **Besichtigung** Park Schloss Bothmer April bis Sept. tgl. 10–20, März, Okt. tgl. 10–18, sonst 10–16 Uhr, www.mv-schloesser.de; kulturhistorische Führungen: März bis Okt. Sa/So/Fei 11:30 und 14:30 Uhr, sonst n. V.: www.schloss-bothmer.info.

Auch wenn die Klützer Mühle kein Korn mehr mahlt, ist sie ein attraktives Ziel: Hier gibt´s was zu essen!

Steinzeitdorf Kussow Nicht erst die slawischen Einwanderer oder die deutschen Kolonisten des Mittelalters schätzten dieses Land: Schon in der Jüngeren Steinzeit wurde hier Ackerbau betrieben. Bedeutende steinzeitliche Grabstätten wie Hünengräber oder schiffsförmige Steinsetzungen häufen sich südlich des Klützer Winkels. Wie diese prähistorische Bevölkerung gelebt hat, wovon sie sich ernährte, welche Kleidung sie trug und was für Häuser sie baute – all das erfährt man im nachgebauten Steinzeitdorf Kussow (April bis Okt. tägl. 10–17/18, sonst Mo–Do 9–15 Uhr, www.stein-zeitdorf-wussow.de) höchst lebendig. Alte Tierrassen bevölkern das Freilichtgelände, ein schöner Grillplatz lädt zum Picknick ein. Von dort radelt man über Roggenstorf, Dassow und Pötenitz nach Travemünde zurück, immer wieder die Ostsee im Blick.

14

Rundgang durch Lübeck, die Königin der Hanse

■ **Ausgangs- und Endpunkt**
Bahnhof Lübeck
■ **Anfahrt**
A 1 bis Lübeck Zentrum,
Parkplatz an der Untertrave
■ **Streckenlänge**
5 km
■ **Information**
Tourist-Service Lübeck und
Travemünde, Holstentorplatz
1, 23552 Lübeck, Tel.
01805/88 22 33, www.lue-
beck-tourismus.de

Lübeck, die »Königin der Hanse«, beherrschte im Mittelalter den Handel im Ostseeraum und in Skandinavien. Heute erlebt man in der Altstadt, die UNESCO-Welterbe ist, Alt und Neu eng verzahnt – Shoppingstraßen beim historischen Rathaus, die Zentren für Lübecks Nobelpreisträger in repräsentativen Bürgerhäusern oder das St.-Annen-Kloster mit mittelalterlicher und aktueller Kunst.

Über die Puppenbrücke zum Holstentor Nach kurzem Fußweg vom Lübecker Bahnhof schaut man von der **Puppenbrücke** ❶ – die »Puppen« sind 1774–76 geschaffene Statuen – auf die sieben mittelalterlichen Türme der Hansestadt: die Doppeltürme der Marienkirche, links davon St. Jakobi, rechts im Vordergrund St. Petri, klein im Hintergrund St. Ägidien, rechts die Doppeltürme des Doms. Zwei niedrigere Rundtürme flankieren das **Holstentor** ❷, Wahr-

Das Holstentor, Lübecks mittelalterliches Wahrzeichen

zeichen der Stadt. Glasierte und unglasierte Schmuckziegel leistete sich die Lübecker Kaufmannschaft für das 1478 vollendete Tor; drinnen informiert darüber ein **Museum**.

Hinter dem Holstentor fließt die **Trave**. Am Westufer sind backsteinerne **Salzspeicher** aus der Zeit zwischen dem 16. und 18. Jahrhundert erhalten.

Markt, Rathaus und Marienkirche Von der Holstenbrücke geht man ein wenig hügelan zum Markt. Die bunten Verkaufsstände an Markttagen haben

St. Marien

Statt wie in Frankreich aus Sandstein baute man die reichen gotischen Formen der Marienkirche aus Backstein. Die imposante Basilika mit Chorumgang diente im Mittelalter vielen Kirchen im Ostseeraum als Vorbild.
Die 125 Meter hohen Türme und die Lage an exponierter Stelle der Stadt haben nicht nur im Mittelalter die Menschen beeindruckt, bis heute ist St. Marien ein monumentales Bauwerk.

als großartige Kulisse das **Rathaus** (Führungen Mo–Fr 11, 12 und 15 Uhr) ❸, einen im Laufe der Jahrhunderte aus vielen Teilen zusammengesetzten Bau: auf der Ostseite des Marktes das um 1300 entstandene **Danzelhus** und nebenan das türmchenbekrönte **Neue Gemach** von 1444. Auf der Markt-Nordseite prangt die prächtige **Gerichtslaube** mit Renaissancefassade vor dem ursprünglichen Rathaus, von ihm sieht man die hoch aufragende Backsteinmauer mit zwei großen Rundlöchern und drei Türmen. An den Hauptteil des Rathauses

1 Puppenbrücke
2 Holstentor
3 Rathaus
4 St. Marienkirche
5 Buddenbrookhaus
6 Schiffergesellschaft
7 Heiligen-Geist-Hospital
8 Burgkloster
9 Burgtor
10 Behnhaus/Drägerhaus
11 Willy-Brandt-Haus
12 Katharinenkirche
13 Flüchtlingshof und Glandorps Gang
14 St. Aegidienkirche
15 Kloster St. Annen
16 Dom
17 St. Petrikirche

schließt sich ein lang gestreckter Verwaltungsbau an, das **Kanzleigebäude**. Die riesige **St. Marienkirche** ❹ wurde nach dem Stadtbrand von 1250 nach dem Vorbild französischer gotischer Kirchen gebaut.
Bomben zerstörten die Kirche wie auch erhebliche Teile der Altstadt im Zweiten Weltkrieg schwer und vernichteten einen Großteil des Inventars. Die herabgestürzten Glocken liegen zum Gedenken auf dem Boden des Südturms.

■ **Einkehr** Im Café Niederegger kann man die ganze Palette des berühmten Lübecker Marzipans bestaunen, kaufen oder essen. Breite Straße 89; hier gibt es auch ein Marzipanmuseum.

Buddenbrookhaus Das weiße Barockgebäude nördlich der Marienkirche in der Mengstraße 4 ist das Buddenbrookhaus ❺, einst im Besitz der Großeltern des Literaturnobelpreisträgers Thomas Mann. Zwei Räume spiegeln die Zeit des Romans »Die Buddenbrooks« wieder, eine Ausstellung beleuchtet das Leben der Schriftsteller-Brüder **Heinrich** und **Thomas Mann**.

Gruben, Querstraßen und Gänge: Von der zentralen Breiten Straße verlaufen seit Jahrhunderten diese Straßen westwärts zur Trave: Beckergrube, Fischergrube, Engelsgrube. Die prächtigen Hausfassaden verraten, dass hier der betuchtere Teil der Lübecker wohnte, während die Häuser in den engeren Querstraßen einen bescheideneren Eindruck machen. Noch einfacher ging es in den Gängen zu,

Eintracht und Frieden
Gefechten brauchte das Holstentor nie standzuhalten. Ob da wohl der Spruch »Concordia domi, foris pax« (Eintracht drinnen, draußen Frieden) an der Außenfront geholfen hat?

Schon zur Hansezeit hatte die Metropole Lübeck eine Größe, die heute noch eindrucksvoll ist. Immer noch bilden ihre sieben Türme die Stadtsilhouette.

die sich durch die Hinterhöfe ziehen. Bis heute kann man die damaligen sozialen Verhältnisse an Lübecks mittelalterlicher Bebauung ablesen.

Rund um den Koberg: Am Platz Koberg gelangt man zur prächtigen **Schiffergesellschaft** ❻, dem Gildehaus seefahrender Handelsleute und Kapitäne.

■ **Einkehr** In der Schiffergesellschaft tafelten die Bergen-, Nowgorod- oder Gotlandfahrer an ihrem eigenen langen Tisch aus Schiffsplanken. In diesem Lübecker Traditionsrestaurant mit viel maritimem Dekor erlebt man bis heute Hansezeit-Flair. Breite Straße 2.

Die Kirche der Seefahrer ist **St. Jakobi** (14. Jahrhundert) gegenüber, das verdeutlichen kunstvolle Votivschiffe und ein Rettungsboot der 1957 untergegangenen »Pamir«. Der Bau mit den fünf schlanken Türmen am Koberg ist das **Heiligen-Geist-Hospital** ❼, Beispiel für Bürgersinn der Lübecker seit 1286 – Kranke und Alte wurden hier gepflegt, noch heute gibt es ein Altenheim.

Am Burgtor Das **Burgkloster** ❽, das 1229 an der Stelle einer Slawenburg gebaut wurde, beherbergt nach wechselvoller Nutzung seit der

Reformation nun das **Archäologische Museum** im einstigen Beicht-haus und das **Kulturforum Burgkloster** mit einer umfassenden Darstellung deutscher Geschichte und Kunst bis ins 20. Jahrhundert. Am Burgtor ❾ aus dem 13. Jahrhundert mit barocker Turmhaube sind noch Reste der früheren Stadtmauer zu sehen.

Mäzene und zwei Nobelpreisträger Die Königstraße zeigt mehrere elegante, meist traufständige Gebäude aus Barock und Klassizis-mus. Das **Behnhaus/Drägerhaus** ❿, Königstraße 9–11, benannt nach Mäzenen, welche die schönen Bürgerpalais bewahrten, prä-sentiert den Wohnstil des 19. Jahrhunderts und wechselnde Kunstausstellungen. Haus Nr. 21, das **Willy-Brandt-Haus** ⓫, ist dem in Lübeck geborenen einstigen Bundeskanzler und Friedens-nobelpreisträger gewidmet. Im Hinterhof stößt das Grundstück an das **Günter-Grass-Haus** – das vielseitige Schaffen des Litera-turnobelpreisträgers ist Thema in der Glockengießerstraße 21.

Katharinenkirche, Stiftshöfe Die turmlose gotische Katharinenkir-che ⓬ mit modernen Skulpturen von Ernst Barlach und Gerhard Marcks an ihrer Front dient als Museumskirche. Einige bildschöne Hinterhöfe der Glockengießerstraße zeigen den Spendergeist rei-cher Lübecker: **Füchtingshof** und **Glandorps Gang** ⓭ dienen seit dem 17./18. Jahrhundert als Altenwohnungen.

St. Aegidien, Kloster St. Annen, Dom Im Süden der Altstadt steht die St. Aegidienkirche ⓮ im einstigen Handwerkerviertel. Das Kloster St. Annen ⓯ aus dem 16. Jahrhundert bietet ein interessantes Nebeneinander von sakraler Kunst des Mittelalters im **Museum St. Annen** und von aktueller Kunst seit dem 20. Jahrhundert im Neubau der **Kunsthalle St. Annen**. Die älteste Kirche der Stadt ist der **Dom** ⓰, eine romani-sche dreischiffige Basilika, die ab 1160 entstand.

Entlang der Obertrave, Große Petersgrube, Petri-kirche Wandern Sie entlang der stimmungsvol-len Obertrave durch die Große Petersgrube mit ihrer Vielzahl wiederhergestellter Bauten vom Mittelalter bis heute zur St. Petrikirche ⓱ und genießen Sie von deren Turm einen großartigen Blick auf die alte Hansestadt, bevor Sie zum Bahnhof zurückkehren.

Die Macht der Kaufleute

Die Gründer Lübecks, der Schauenburger Graf Adolf II. und Heinrich der Löwe, verloren seit 1188, als Kaiser Friedrich I. Barba-rossa Lübeck mit vielen Privilegien ausstattete, die Macht über die Stadt: Sie lag nun bei den Kaufleu-ten. Auch die seit 1160 eingesetzten Bischöfe mussten häufig gegenüber den reichen Handelsherren kapitulieren.

An der Untertrave liegen Traditionsschiffe vor der Kulisse alter Kaufmannshäuser.

15

Radtour an Wakenitz und Stecknitz – Amazonas und Salzkanal

■ **Ausgangs- und Endpunkt**
Bahnhof Lübeck
■ **Anfahrt**
A 1 bis Lübeck Zentrum,
Parkplatz an der Untertrave
■ **Streckenlänge**
50/70 km
■ **Information**
Tourist-Service Lübeck und
Travemünde, Holstentor-
platz 1, 23552 Lübeck,
Tel. 01805/88 22 33,
www.luebeck-tourismus.de.

**Zwei grundverschiedene Flusstäler lernt man auf dieser Rad-
tour südlich von Lübeck kennen: Fast urwaldartige Natur umgibt
die schlängelnde Wakenitz, dagegen wurde aus der Stecknitz
schon im 14. Jahrhundert ein Kanal für den Salztransport aus
Lüneburg – er entspricht dem heutigen Elbe-Lübeck-Kanal.
Auch den Norden des Ratzeburger Sees berührt die Tour.**

Der Drägerweg entlang der Wakenitz Für die Lübecker ist die Wakenitz, die vom Ratzeburger See kommt und in die Trave mündet,
ein wahres Paradies: Erlenbruch begleitet die Aue, See- und Teichrosen gedeihen in Buchten, Eisvogel und Kranich fühlen sich hier
wohl. Große Teile der Aue stehen unter Na-
turschutz. Wahre Genussfahrten sind die
Bootstouren durch die verwilderte Flusslandschaft – da taucht schon mal der Aus-
druck »Amazonas des Nordens« für den
kaum 25 Kilometer langen Fluss auf, garan-
tiert ohne Krokodile und Piranhas ...

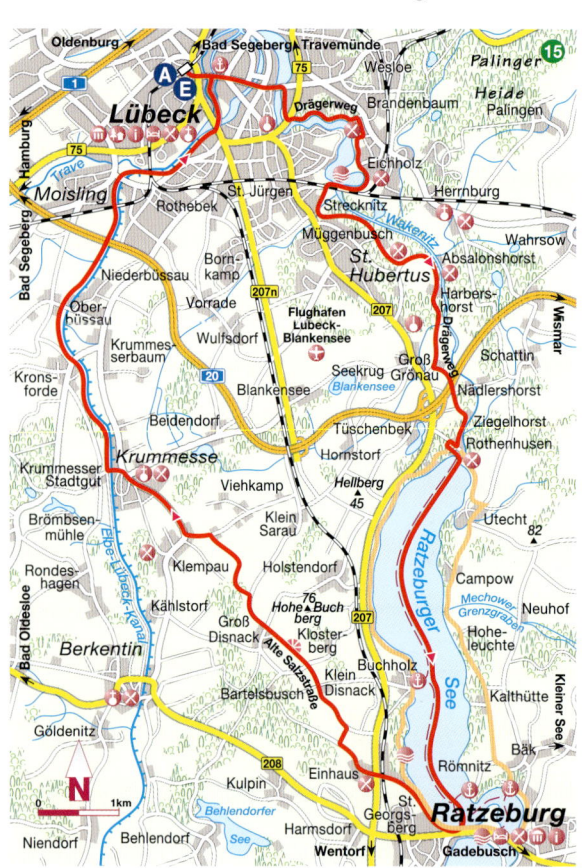

■ **Bootstouren** Wakenitzschifffahrt Quandt, Tel.
0451/79 38 85, www.wakenitzschifffahrt-quandt.de;
keine Fahrradbeförderung

Der **Drägerweg** – Sponsor war der Lübecker Industrielle Heinrich Dräger – für
Wanderer und Radfahrer führt von Lübeck
bis zum Ratzeburger See. Vom Lübecker
Bahnhof kommt man zum Drägerweg ab
Holstentor quer durch die Lübecker Altstadt. Wo die Moltkestraße die Wakenitz
quert, geht es rechts in die Elsässer Straße,
zunächst immer hübsch am Fluss entlang.
Da die Wakenitz schon im Mittelalter für
Mühlenzwecke aufgestaut wurde, bildet sie
häufiger seenartige Buchten, wie zum Beispiel den **Kleinen See**, der zum Baden ein-

Landschaft um Lübeck

Die Lübecker Gegend ist flach, hier lag gegen Ende der letzten Eiszeit ein Eisstausee. Tonschlamm setzte sich in ihm ab, der später das Material für die Herstellung der Backsteine lieferte. Als während der letzten Eiszeit im Lübecker Becken eine Eiszunge lag, formten deren Gletscherbäche Rinnen – darin floss das Schmelzwasser südwärts Richtung Elbe ab. Nachdem die Ostsee entstanden war, konnten Wakenitz und Stecknitz ihre Richtung ändern und sich nordwärts wenden.

lädt. Südlich der Bahnunterquerung verläuft der Drägerweg links der Wakenitz durchs Grüne, nicht immer direkt am Ufer, wo es zum Teil sumpfig ist. Die **Wakenitzinsel Rothenhusen** am Ratzeburger See sicherten sich die Lübecker schon 1419 als Zollstation, der Gasthof ist über zweihundert Jahre alt. Von hier verkehren Fahrgastschiffe nach **Ratzeburg**.

Stille Natur vom Wasser oder vom Radweg aus bietet die Wakenitz zwischen dem Ratzeburger See und Lübeck.

■ **Einkehr** Die Gasthöfe Müggenbusch und Absalonshorst liegen malerisch an der Wakenitz; das Südende des Drägerwegs ist am historischen Gasthof Rothenhusen.

■ **Schifffahrt** Ratzeburger See (mit Fahrradbeförderung): ab Rothenhusen Mai bis Anfang Okt. Mo–Fr 11–17 Uhr, alle 2 Std., Mai bis Mitte Sept. Sa, So 11–17 Uhr jede Stunde; bis Mitte Okt. Sa, So 13, 15 und 17 Uhr; Tel. 04541/79 00, www.schifffahrt-ratzeburg.de.

■ **Tipp** Unverzagte radeln von Rothenhusen nach Ratzeburg. Die bessere Fahrstrecke, allerdings mit Steigungen, geht östlich um den See herum. Mit vielen schönen Aussichten, aber auf schlechteren Straßen kann man direkt am Westufer des Sees fahren. Wem der Weg bis Ratzeburg (ca. 20 bzw. 40 km) genug ist, kehrt von hier mit dem Zug nach Lübeck zurück.

Auf der Alten Salzstraße nach Lübeck

Der Fahrradweg **Alte Salzstraße** führt von Ratzeburg über Einhaus nach Krummesse zum **Elbe-Lübeck-Kanal**. Vorher muss man Endmoränen der letzten Eiszeit überwinden, wird aber mit schönen Weitblicken belohnt. Dem Kanal folgt man bis Lübeck. Ab Puppenbrücke (s. S. 42) ist man schnellstens am Bahnhof.

16

Mit dem Auto zu Kirchen und Klöstern zwischen Ratzeburg und Zarrentin

■ **Ausgangspunkt**
Ratzeburg, Anfahrt über
A 24, Ausfahrt Talkau, dann
B 207
■ **Endpunkt**
Zarrentin, B 195, A 24 Auffahrt Zarrentin
■ **Streckenlänge**
ab Hamburg rund 200 km
■ **Einkehrmöglichkeiten**
in Ratzeburg, Rehna, Gadebusch, Zarrentin und im
Grenzhus

Diese abwechslungsreiche Tour rund um Ratzeburger See und Schaalsee verbindet die mittelalterliche Geschichte der Kirchen und Klöster mit den jüngeren im einstigen deutsch-deutschen Grenzgebiet. Genießen Sie dabei die Fahrt über schmale Landstraßen abseits der großen Verkehrswege.

Dom und Museen in Ratzeburg Die Altstadt von Ratzeburg liegt gut geschützt auf einer Insel im **Ratzeburger See**. Bereits 1062 wird hier eine slawische Burganlage erwähnt. Überragt wird die Insel von dem gedrungenen Turm des Doms. Die romanische Kirche, eine Stiftung Heinrichs des Löwen, wurde 1170 fertiggestellt. Als eine der ältesten Kirchen im Lauenburgischen war sie Vorbild für zahlreiche weitere Kirchenbauten. Besuchen Sie in Ratzeburg auch das **Barlach-Museum** (Di–So 11–17 Uhr) und das Museum des Zeichners und Karikaturisten **A. Paul Weber** (www.webermuseum.de, Di–So 10–13 und 14– 17 Uhr).

Den mächtigen Ratzeburger Dom stiftete Heinrich der Löwe.

Tipp
In Vietlübbe fünf Kilometer östlich von Gadebusch finden Sie ein besonderes Beispiel einer spätromanischen Backsteinkirche. Der Grundriss ist ein gleichseitiges (sog. griechisches) Kreuz. Ungewöhnlich ist auch der im 17. Jahrhundert auf das Kirchenschiff aufgesetzte hölzerne Turm.

Von Ratzeburg nach Gadebusch Ratzeburg lag unmittelbar an der Grenze zur DDR. Wie das Leben an der Ostseite des Grenzzauns ausgesehen hat, können Sie anschaulich im **Grenzhus** (Mo–Fr 10–16.30, Sa, So 10–18 Uhr) in der Nachbargemeinde **Schlagsdorf** erleben. Verschiedene Grenzbefestigungsanlagen sind im Freigelände des Museums aufgebaut.

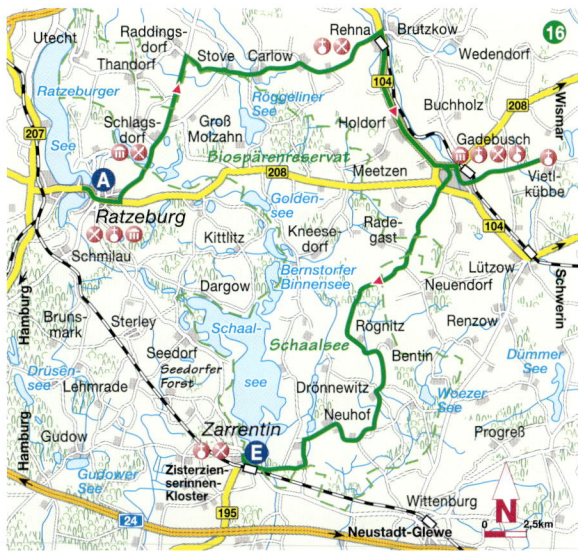

Auf der Fahrt Richtung Osten sehen Sie bereits von weitem den Kirchturm von **Rehna**. Große Teile der romanischen Klosteranlage aus dem 13.–15. Jahrhundert sind hier erhalten. Neben der Kirche ist vor allem das **Gästerefektorium** mit seinem **Kreuzrippengewölbe** von Bedeutung.

■ **Information** Kloster- und Stadtinformation, Mo–Fr 10–17 Uhr, Sa/So/Fei 11–17 Uhr, Nov. bis März Di–Fr 10–16 Uhr. www.kloster-rehna.de

Gadebusch ist eine der ältesten Städte Mecklenburgs. Sie müssen einen Hügel erklimmen, um zum Ortskern mit dem mittelalterlichen **Rathaus** und der bedeutenden spätromanischen Hallenkirche **St. Jakob und St. Dionysius** zu gelangen. Noch nicht wieder zugänglich ist das barocke **Schloss**, das

hinter dem Markt aufragt. Dafür zeigt das **Heimatmuseum Amtsscheune** Zeugnisse aus der Lokalgeschichte, insbesondere aus dem Nordischen Krieg 1700–21.

Das Museum »Grenzhus« erinnert an die jahrzehntelange Teilung Deutschlands.

Von Gadebusch nach Zarrentin Am besten, man fährt auf einer schmalen Landstraße durch das **Biosphärenreservat Schaalsee** in das am See gelegene Zarrentin. Frisch saniert ist das dortige **Zisterzienserinnen-Kloster (**Di–Fr 14 bis 17 Uhr, Sa/So/Fei 13–17 Uhr, www.kloster-zarrentin.de). Gegründet Mitte des 13. Jahrhunderts, diente es den Töchtern des mecklenburgischen Adels und reicher Lübecker Kaufmannsfamilien als »Jungfrauenkloster«. Ein wunderschöner Spaziergang führt direkt nördlich vom Kloster Zarrentin rund um den Kirchensee. Von Zarrentin sind es fünf Kilometer zur Autobahn A 24.

17

Mit dem Rad rund um den Schaalsee

■ **Ausgangs- und Endpunkt**
Zarrentin, Anfahrt A 24,
Ausfahrt Zarrentin, dann
B 195; Parkplatz beim Info-
zentrums Pahlhuus
■ **Streckenlänge**
50 km
■ **Einkehr**
in Zarrentin, Großzecher,
Seedorf, Kittlitz, Lassahn
und auf der Stintenburg-In-
sel
■ **Information**
www.schaalsee.de
■ **Tipp**
Fernglas nicht vergessen!
Fahrradverleih nur in De-
chow, Tel. 04541/38 38

Das Biosphärenreservat Schaalsee und der benachbarte Natur-park Lauenburgische Seen bieten fast achthundert Quadrat-kilometer Naturerlebnis. Die Radtour führt auf kleinen Straßen durch die vielfältige Kulturlandschaft rund um den Schaalsee und seiner Nachbargewässer. Bei warmem Wetter laden unterwegs zahlreiche Badestellen ein.

Informationszentrum Pahlhuus Bevor es in **Zarrentin** am Informationszentrum richtig losgeht, zuerst das Rad stehen lassen, denn das Informationszentrum Pahlhuus des Biosphärenreservats Schaalsee (Tel. 038851/30 20, März bis Okt. Di–So 9–17 Uhr) bietet anschauliche Erklärungen zu Natur und Landschaft. Unterhalb vom Pahlhuus kann man von einem Moorlehrpfad aus viele seltene Pflanzenarten entdecken.

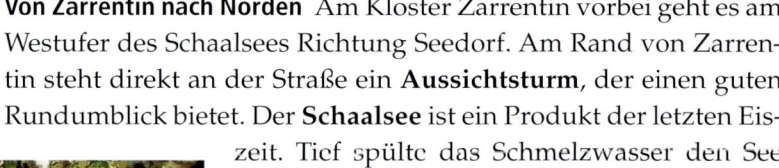

Von Zarrentin nach Norden Am Kloster Zarrentin vorbei geht es am Westufer des Schaalsees Richtung Seedorf. Am Rand von Zarrentin steht direkt an der Straße ein **Aussichtsturm**, der einen guten

Wandern und Radeln
im Biosphärenreservat Schaalsee

Rundumblick bietet. Der **Schaalsee** ist ein Produkt der letzten Eiszeit. Tief spülte das Schmelzwasser den See aus, der heute bis zu 72 Meter tief ist. Mit den vielen kleinen und großen Nachbarseen ist er das Zuhause unter anderem von Fischotter und Rotbauchunke. In der abwechslungsreichen Landschaft können Sie fünfzig Libellenarten und mehr als 240 Vogelarten beobachten.

Der See und seine Ufer sind **Naturschutzgebiet** und dürfen nicht betreten werden. Für den Badespaß werden einige Ausnahmen gemacht. Eine besonders schöne Badestelle mit Strand und Liegewiese finden Sie in **Seedorf**. An der St. Clemens-St. Katharinen-Kirche und dem Seedorfer Schloss vorbei führt eine kleine Straße über den bewaldeten Seedorfer Werder

Richtung **Dargow**. Lassen Sie an der dortigen Badestelle die Beine vom Steg baumeln und genießen Sie den weiten Blick über den See, bevor es durch die Felder weiter bis **Kittlitz** geht. Die Verbindungsstraße von dort nach **Dutzow** konnte erst 1993 eingeweiht werden, als eine Brücke über den alten Grenzgraben fertiggestellt war. Um jeden Kontakt Richtung Westen zu unterbinden, stand in Dutzow bis zur Wende eine hohe Mauer.

Naturbelassene Landschaft im alten Grenzgebiet Das Ostufer des Schaalsee war früher Sperrgebiet und durfte nicht betreten werden. Die Natur konnte sich so über Jahrzehnte ungestört entwickeln. Auf schmalen Straßen führt die Fahrt Richtung **Lassahn** durch diese besonders abwechslungsreiche Landschaft. Beobachten Sie auf den Wiesen Kraniche, Störche und Graugänse! Am südlichen Ortsrand von Lassahn führt eine Allee zur **Stintenburg-Halbinsel**, die schon der Dichter Klopstock bemerkenswert fand. Hier sollten Sie im Restaurant Brückenhaus direkt am See eine längere Pause einlegen.

■ **Einkehr** Brückenhaus am Schaalsee, Stintenburg-Insel, April bis Okt. Fr–So und Feiertags 11–21 Uhr, Spezialität ist frischer oder geräucherter Fisch; www.brueckenhausamschaalsee.de

Zurück auf der Hauptstraße biegen Sie nach rechts und nach einem Kilometer nach links Richtung **Neuenkirchen** ab. Am Ostufer des **Neuenkirchener Sees** verläuft ein wunderschöner Waldweg unter alten Bäumen. Am benachbarten **Boissower See** erwartet Sie am Ufer ein Beobachtungsstand. Von Boissow sind es dann 3,5 Kilometer zurück nach Zarrentin.

18 Wandern im Hellbachtal bei Mölln

■ **Ausgangs- und Endpunkt**
Drüsensee
■ **Anfahrt**
A 7 bis Ausfahrt Talkau,
B 207 bis Mölln, L 287
Richtung Lehmrade bis
Parkplatz Höhe Camping-
platz Drüsensee
■ **Streckenlänge**
12 km
■ **Information**
www.moelln.de,
www.hlms.de
■ **Einkehr**
Brandt's Gaststätte am Drü-
sensee
■ **Tipp**
Für das türkisfarbene Was-
ser des Krebssees Badezeug
nicht vergessen!

Das Hellbachtal verspricht ein Naturerlebnis der besonderen Art und ist einer der wertvollsten Teile des Naturparks Lauenburgische Seen. Die vielseitige Wanderung führt in ein steil eingeschnittenes Tal, durch Wald und Wiesen und vorbei an vier Seen unterschiedlichen Charakters.

Start am Drüsensee Die Straße von Mölln nach Lehmrade führt fünfhundert Meter hinter dem Ortsausgang hinab zum Drüsensee. Nachdem Sie dort geparkt haben, folgen Sie der Hauptstraße noch weitere fünfhundert Meter und biegen nach rechts auf eine schmale Teerstraße ab. Durch Wiesen und Felder geht es 1,7 Kilometer zum **Wanderparkplatz Tiefe Kuhle**. Folgen Sie dem Wandersymbol blauer Halbmond. Von hier führt ein Weg direkt zum Südufer des Drüsensees und in das Hellbachtal.

Im Hellbachtal Das **Naturschutzgebiet** Hellbachtal ist Teil eines typischen Tunneltals. Wenn Sie den Bach erreicht haben, folgen Sie ihm Richtung Süden. Der Wanderweg führt am Waldrand entlang, auf den feuchten Wiesen längs des Hellbachs wachsen Sumpfdot-

Der Lottsee verlandet allmählich.

Tunneltal
Hellbachtal und Drüsensee sind Teile eines Tunneltals. Es entstand während der letzten Eiszeit, als sich das Schmelzwasser am Grund eines Gletschers unter hohem Druck seinen Weg suchte. Typisch für Tunneltäler sind steile Flanken und ein unregelmäßiger Verlauf.

terblumen und das Breitblättrige Kna-
benkraut, eine Orchideenart.

Drei Seen Nach drei Kilometern erreichen Sie den runden **Lottsee**. Er ist nähr-
stoffreich und wächst langsam zu. In den
Wald eingebettet liegt der benachbarte
Krebssee. Das Wasser ist klar und
schimmert aufgrund seines hohen Kalk-
gehalts türkis. Wenn Sie beim Anblick
des bis zu 25 Meter tiefen Sees Lust zum
Baden bekommen – an seinem Ostufer
ist eine offizielle Badestelle eingerichtet.
Rund um den moorigen **Schwarzsee** droht gefährlicher Schwing-
rasen. Damit Sie auf dem Weg zur Aussichtsplattform nicht ein-
sinken, hat man einen Steg gebaut. Das Wasser des Schwarzsees
ist eher braun, in den Buchten wachsen seltene Gelbe Teichrosen.

Begegnung im Schilf

Am Westufer zurück Südlich des Schwarzsees ermöglicht ein Steg
die Überquerung des **Hellbachs**. Auf der anderen Talseite führt
ein Weg zurück Richtung Norden. Er ist mit einer orangen
Schwalbe gekennzeichnet. Sie folgen wieder dem Wald-
saum. Während im Wiesental die Flügel seltener Libellenart
schimmern, ziehen bei entsprechender Thermik hoch über
Ihrem Kopf Segelflugzeuge lautlos ihre Bahn. Nach drei Kilometern erreichen Sie die Mündung des Hellbachs in den
Drüsensee. Der See ist etwa zwei Kilometer lang, aber nur
acht Meter tief. Am steilen Westufer entlang erreichen Sie
wieder Ihren Ausgangspunkt. In der dortigen Gaststätte
lädt die Sonnenterrasse zu einer ausgedehnten Pause ein.
■ **Tipp** Rundflug im Segelflugzeug ab Flugplatz Grambeker Heide,
www.grambekerheide.de

Eulenspiegelstadt Mölln Versäumen Sie nicht, vor der Rückfahrt der Eulenspiegelstadt Mölln einen Besuch abzustat-
ten. Die Altstadt liegt auf einem Hügel, von mehreren Seen
umgeben. Mölln war eine wichtige Station an der Alten
Salzstraße. Der mit dem Salzhandel verbundene Reichtum
lässt sich am **Rathaus** mit seinem gotischen Treppengiebel
und an der reich ausgestatteten spätromanischen **St. Nicolai-Kirche** ablesen.

19 Wandern im Sachsenwald

- **Ausgangs- und Endpunkt**
S-Bahnhof Aumühle
- **Anfahrt**
S 21; per Auto: A 24 Abfahrt Reinbek, über Schönning-stedt, dann Richtung Au-mühle
- **Streckenlänge**
12 km
- **Information**
www.sachsenwald.de
- **Einkehr**
Mehrere Restaurants nahe dem Mühlenteich beim Bahnhof Aumühle; Café Vanessa im Garten der Schmetterlinge, auch im Winter Sa/So 11–17 Uhr

Der größte Wald Schleswig-Holsteins ist seit 1871 zu großen Teilen im Besitz der Familie von Bismarck. Ihr verdanken die Ausflügler nicht nur den Erhalt dieses rund siebzig Quadrat-kilometer umfassenden vielseitigen Gebietes, sondern auch mehrere Attraktionen in Friedrichsruh, wie Schmetterlings-garten, Bismarckmuseum und -mausoleum.

Von Aumühle die Au abwärts Nördlich der S-Bahn-Endstation Au-mühle fließt das für norddeutsche Verhältnisse tief eingeschnit-tene Flüsschen **Au** durch den **Sachsenwald**. Jahrhundertelang trieb es verschiedene Mühlen an, wofür das Wasser mehrfach ge-staut wurde. Wandern Sie knapp einen Kilometer flussabwärts – der Bach ist hier zu einem malerischen Mühlenteich aufgestaut –, queren Sie die Au am Gasthof **Fürst Bismarck Mühle** und folgen Sie dem breiten Weg nach Westen, dann links dem Flusstal (weiße Markierung »1«) auf einem Pfad.

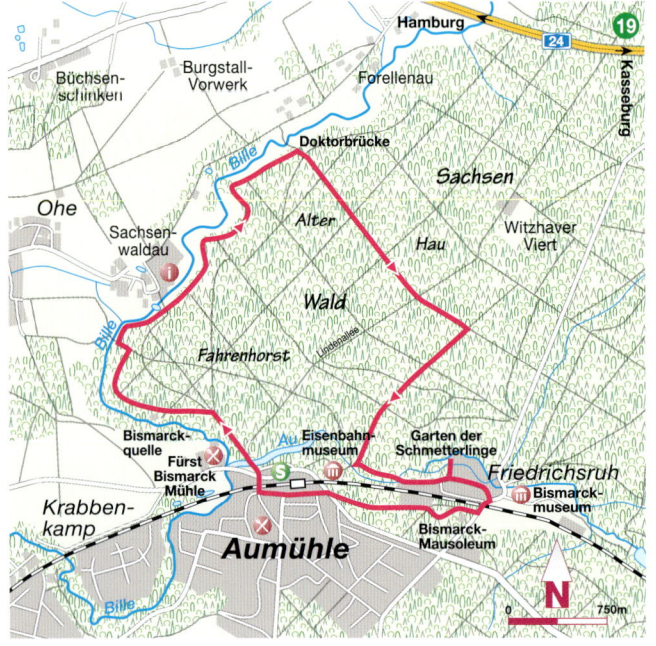

Die Bille aufwärts Wenig unterhalb der Mühle mündet die Au in die Bille. Am jenseitigen Ufer sieht man die Anlagen der Mineralwasserfabrik **Bismarck-Quelle**. Der Bille folgt man flussauf-wärts auf dem »Wanderpfad 1«, er be-gleitet den sich dahinschlängelnden Bach am hohen Ufer. Der Steilhang ist meist mit mächtigen Buchen bewach-sen, auf der Hochfläche zur Rechten überwiegt Nadelwald, am jenseitigen Ufer liegen in der Ebene Wäldchen, Wiesen und Gehöfte.

Quer durch den Sachsenwald Nahe der dritten Brücke über die Bille, der **Dok-torbrücke**, weist die Markierung »1« ostwärts in den Wald; der breite Forstweg führt an Schonungen, Misch- und Nadelwald entlang zur noch breiteren, geschotterten **Lindenallee**. Diese überqueren Sie und folgen nun nicht mehr der »1«, sondern dem Forstweg nach Osten, bis Sie nach etwa dreihundert Metern auf den »Wanderweg 2« stoßen. Darauf wandern Sie nach Süden und haben nach einer Anhöhe von über fünfzig Metern einen sanften Abstieg zur Au vor sich.

In Friedrichsruh Gut ausgeschildert ist der breite Weg nördlich der Au zum **Garten der Schmetterlinge** (Frühlingsanfang bis 1. Advent tägl. 9–18 (Nov. 9–17) Uhr, www.garten-der-schmetterlinge.de) am friedlichen Schlossteich. Fantastische Schmetterlinge im klimatisierten Tropenhaus, aber auch ein herrlicher Blütengarten draußen und lauschige Plätzchen am Wasser, dazu das schöne Café Vanessa – wahre Belohnungen nach der Wanderung.

Hier in **Friedrichsruh** befindet sich das nach Kriegszerstörung wiederaufgebaute Schloss der Familie Bismarck (privat); interessante Geschichtszeugnisse bewahrt das **Bismarckmuseum** (April bis Okt. tägl. 10–18, sonst Mi, Do, Sa, So 10–16 Uhr) nördlich des Bahnhofs Friedrichsruh. Nachdem man auch dem **Bismarck-Mausoleum** (geöffnet wie Museum) südlich der Bahnlinie einen Besuch abgestattet hat, geht es durch den Wald westwärts nach Aumühle zum S-Bahnhof zurück.

Slawen und Sachsen

Das Gebiet des Sachsenwaldes ist von der Jungsteinzeit bis zur Eisenzeit besiedelt gewesen, wie eine Unmenge prähistorischer Gräber bezeugen – von Hünengräbern bis zu Hügelgrab-Friedhöfen. Nachdem sich zur Zeit der Völkerwanderung ab dem 3. Jahrhundert große Teile Norddeutschlands entleerten, erfolgte wenige Jahrhunderte später eine Wiederbesiedlung: von Osten durch Slawen, von Westen durch Sachsen. Dichter Urwald bildete eine Art Grenze zwischen beiden, den sogenannten »Limes Saxoniae«. Der Sachsenwald gilt trotz tiefgreifender Veränderungen schon seit dem Mittelalter als Überrest dieses Grenzgebiets.

Oben: Vom Garten der Schmetterling führt eine malerische Brücke auf ein Inselchen in der aufgestauten Au.

Mitte: Gepflegt ist die Landschaft beim Schloss Friedrichsruh im Sachsenwald.

Unten: Sonnige Plätze laden im Garten der Schmetterlinge zum Pausieren ein.

20

Mit dem Rad von Lauenburg nach Bergedorf

■ **Ausgangspunkt**
Bahnhof Lauenburg
■ **Endpunkt**
Bahnhof Bergedorf S 21/S 2
■ **Anfahrt**
mit der Bahn über Büchen
nach Lauenburg R 20/R 21,
Fahrzeit ca. 45 Min.
■ **Streckenlänge**
35 km
■ **Einkehr**
in Lauenburg, Schnakenbek-
Sandkrug, Krümmel, Geest-
hacht und Neuengamme
■ **Information**
Tourist-Information Lauen-
burg/Elbe www.lauenburg.de,
hier auch Auskünfte zu den
Fahrten mit dem Raddamp-
fer »Kaiser Wilhelm«. Tou-
ristinformation Geesthacht
www.geesthacht.de

Diese Radtour steckt voller Überraschungen: Naturschönheiten, tausend Jahre Menschheitsgeschichte und die Elbe als verbindendes Element. Bereits die Anfahrt ist abwechslungsreich – die Bahn folgt ab Büchen unmittelbar dem Elbe-Lübeck-Kanal.

Die Altstadt von Lauenburg und das Elbschifffahrtsmuseum Der **Bahnhof** Lauenburg liegt unmittelbar an der Elbe, direkt gegenüber der Altstadt. Flanieren Sie durch die historische Unterstadt und genießen Sie den Blick vom barocken Schlosspark hoch über der Stadt. An der Elbstraße erzählt das Elbschifffahrtsmuseum von der achthundertjährigen Geschichte des Handels auf dem Fluss. Zum Museum gehört auch der historische **Raddampfer** »**Kaiser Wilhelm**«, der vom Anleger am Ruferplatz zu Touren startet.

■ **Museum** Lauenburger Elbschifffahrtsmuseum, Elbstraße 59, Tel. 04153/59 99 35, 1. März bis 31. Okt. tägl. 10–17 Uhr, 1. Nov. bis 29. Feb. Mi, Fr, Sa, So 10–13 und 14–16:30 Uhr

Der Raddampfer »Kaiser Wilhelm« fährt auch heute noch.

Auf dem Elberadweg Lauenburg verlassen Sie auf dem gut ausgeschilderten Elberadweg. Dieser führt am Westrand der Unterstadt in das **Naturschutzgebiet Hohes Elbufer**. In **Sandkrug** findet man in Form eines Ringwalls die Reste der 1026 erstmals erwähnten Ertheneburg, die Heinrich dem Löwen bis 1181 als Standort diente. Die Burg bewachte den wichtigen Elbübergang im Zuge der Alten Salzstraße von Lüneburg nach Lübeck. Für etwa fünf Kilometer folgt der Weg nun dem dicht bewaldeten Hang der Elbe und seinen tief eingeschnittenen Seitentälern.

Die Maria-Magdalenen-Kirche überragt Lauenburgs Altstadt.

Das Pumpspeicherkraftwerk Geesthacht dient dem Ausgleich der Verbrauchsspitzen im Stromnetz von Hamburg.

Pumpspeicher-kraftwerk

Das Speicherbecken fasst 3,8 Millionen Kubikmeter Wasser, 83 Meter Gefälle können in Spitzenlastzeiten zur Stromerzeugung genutzt werden. Nachts wird das Wasser dann wieder hinaufgepumpt.

Energieerzeugung und explosive Vergangenheit in Krümmel Nach einem steilen Anstieg von ungefähr vierzig Metern erreicht der Radweg den Ort Tesperhude. Am Kernkraftwerk Krümmel vorbei kommen Sie zum 1958 eingeweihten **Pumpspeicherkraftwerk** und dem **Energiepark Dialogicum**. Hier wird aus Wasser, Sonne und Wind umweltfreundlich Energie gewonnen. Ein Fußweg führt hinauf zum Rand des Speicherbeckens, der Aussichtsturm gewährt Ihnen einen grandiosen Blick auf das Elbtal. Auf dem Gelände der heutigen Kraftwerke erfand **Alfred Nobel** 1865 das Dynamit. Im Ersten und Zweiten Weltkrieg gab es hier und im benachbarten Geesthacht riesige Fabriken zur Sprengstoffherstellung.

■ **Führungen** Krümmel und Geesthacht: Förderkreis Industriemuseum Geesthacht e.V., Tel. 04152/8 87 78 40

Klettern gefällig? In Nachbarschaft zum Pumpspeicherkraftwerk können Sie Ihr Gleichgewicht testen. Einer der größten Hochseilklettergärten hat auf einem Waldgrundstück in Höhen von einem bis acht Meter seine Seile gespannt: Unterschiedlich schwierige Teilstrecken bieten gut gesichert eine sportliche Herausforderung.

■ **Sport** Hoga Hochseilgarten, Elbuferstr. 48–52, 21502 Geesthacht, Tel. 04152/90 77 92, geöffnet 15. März bis 15. Nov., tägl. ab 10 Uhr, Mo Ruhetag

Geesthacht Die Stadt Geesthacht gehörte von 1420 bis 1937 zu Hamburg. Ein Großbrand zerstörte das Ortszentrum 1928 weitgehend. Neben der **St. Salvatoris-Kirche** von 1685 ist das Krügersche Haus eines der ältesten erhaltenen Gebäude. Es beherbergt

58

heute das stadtgeschichtliche **GeesthachtMuseum!** und die **Touristen-Information**. Eine Staustufe unterbricht die Elbe seit 1960. Der Höhenunterschied beträgt durchschnittlich zwei Meter. Ab hier ist die Elbe auf fast 140 Kilometer bis zum Meer unter Tideeinfluss, das heißt, die Fließrichtung ändert sich durch Ebbe und Flut viermal täglich.

■ **Tipp** Mehrmals im Jahr fahren Museumszüge auf der Strecke Geesthacht–Bergedorf Süd. Arbeitsgemeinschaft Geesthachter Eisenbahn, www.eisenbahn.geesthacht.de, Tel. an Betriebstagen 04152/7 78 99

Durch die Vierlande nach Neuengamme und Bergedorf Der Elberadweg verläuft ab Borghorst auf dem 1921 eingeweihten und schon 1953 wieder stillgelegten Abschnitt der sogenannten **Hamburger Marschbahn**. Sie führt durch die Vierlande und damit durch Hamburger Stadtgebiet. Wie in Borghorst ist auch das Bahnhofsgebäude in Altengamme erhalten. Die **St. Nicolai-Kirche** stammt in ihren Ursprüngen aus dem 13. Jahrhundert und hat ihre heutige Gestaltung im 17. Jahrhundert erhalten; die Glocke hing früher im 1806 abgerissenen Dom zu Hamburg. In Neuengamme erreicht die ehemalige Bahntrasse die Dove-Elbe, einen Seitenarm der Elbe. Folgen Sie der Dove-Elbe (s. S. 20f.) zunächst auf der Südseite. Die Straße liegt auf dem sich windenden alten Deich. Neuengamme hat durch das dortige Konzentrationslager traurige Bekanntheit erlangt. Die **KZ-Gedenkstätte** erinnert an die über 100 000 Häftlinge, die hier ab 1938 zum Beispiel zur Klinkerproduktion für NS-Bauprojekte ausgebeutet wurden.

■ **Besichtigung** KZ-Gedenkstätte Neuengamme, Jean-Dolidier-Weg 75, Tel. 040/4 28 13 15 00. Ausstellung Mo–Fr 9.30 bis 16 Uhr, Sa/So/Fei Okt. bis März 12–17 Uhr, April bis Sept. 12–19 Uhr, Eintritt frei, www.kz-gedenkstaette-neuengamme.de

Die Vierlande sind seit dem 18. Jahrhundert ein wichtiger Lieferant für Obst, Gemüse und Blumen. Die Vierländer Bäuerinnen in ihrer Tracht waren in Hamburg gern gesehen. Auch heute gelten die Produkte zahlreicher Gewächshäuser und Obstplantagen als besonders qualitätvoll. Im Ortszentrum von **Curslack** gruppieren sich reich verzierte Bauernhäuser um die **St. Johanniskirche**. 1306 erstmals erwähnt, stammt der heutige Bau aus dem frühen 17. Jahrhundert, der einzeln stehende Turm von 1719. Die reiche Innenausstattung ist aus dem 17. und 18. Jahrhundert. Urig: Die Kirchenbänke für die Männer rechts haben Hutständer! Von Curslack fahren Sie weiter auf der Trasse der ehemaligen Vierländer Bahn (s. S. 19) zum Zielpunkt, dem S-Bahnhof Bergedorf.

21

Die alte Salzstadt Lüneburg und ihr Umland

■ **Ausgangspunkt**
Bahnhof Lüneburg
■ **Anfahrt**
A 250/B 4 bis Lüneburg-
Stadtkoppel
■ **Bahnverbindung**
Metronom/Regionalbahn ab
Hamburg oder Hamburg-
Harburg (HVV-Tarif, Fahr-
scheine können nicht im
Zug gelöst werden!)
■ **Tourist-Information**
Tel. 0800/2 20 50 05,
www.lueneburg.de
■ **Fahrradverleih**
Rad am Bahnhof Lüneburg,
www.radspeicher.de
■ **Streckenlängen**
Rundgang Lüneburg 7 km;
mit dem Fahrrad rund um
Lüneburg 50 km

**Über tausend Jahre alt und quicklebendig ist die berühmte Salz-
stadt Lüneburg. Der Reichtum der einstigen Hansestadt spiegelt
sich in Rathaus, Kirchen und Bürgerhäusern, gleichzeitig ver-
sprüht die junge Universitätsstadt viel frisches Flair. Elbmarsch
und Geest machen die Umgebung abwechslungsreich, besondere
Attraktion ist der Elbe-Seitenkanal mit dem gewaltigen Schiffshebewerk Scharnebeck.**

Rundgang Lüneburg

Alte Handelsstadt an der Ilmenau Vom Startpunkt an Lüneburgs
Bahnhof ❶ geht man knapp vierhundert Meter zum Flüsschen Ilmenau. Beim Anblick des **Alten Krans ❷**, der seit dem 14. Jahrhundert dort am Ufer verbürgt ist, kann man sich gut die Han-
delskähne des Mittelalters vorstellen, die mit ihrer Salzfracht da-
vonfuhren. Lüneburg verdankte nämlich seinen Reichtum dem
Salzstock im Untergrund der Stadt und stand über die Alte Salzstraße auf dem Land- und Wasserweg besonders mit Lübeck in
engem Handelskontakt. Das Ilmenauwasser trieb auch die **Lüner
Mühle** und die **Abtsmühle** an. Heute lockt am westlichen Fluss-
ufer der **Stintmarkt ❸**, eine von Lüne-
burgs beliebtesten Gastromeilen. Zur Kirche der Flussschiffer geht man an den
Nordrand der mittelalterlichen Stadt. Der
spitze Turm von **St. Nikolai ❹** weist den
Weg durch kopfsteingepflasterte Altstadt-
gassen zu der hochgotischen Basilika von
1440 mit schönen Sterngewölben.

Zwischen Rathaus und Am Sande Über die
Bardowicker Straße gelangt man direkt
zum **Markt**, wo das Rathaus ❺ mit seiner
repräsentativen Barockfassade von 1720
prangt. Geht man um die Ecke zur Nordseite des lang gestreckten Baus, lassen die

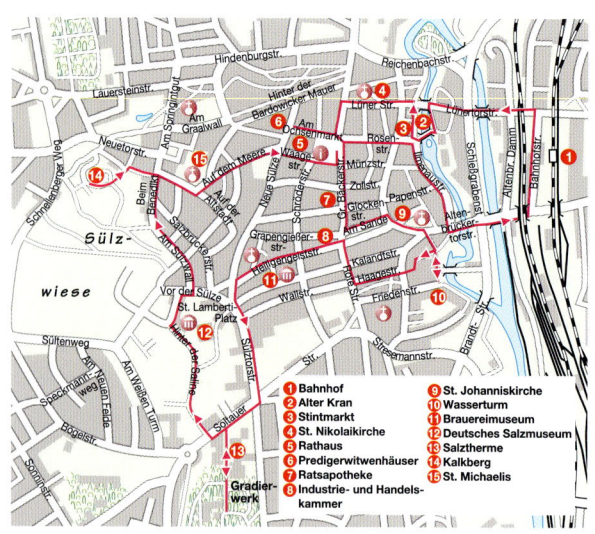

❶ Bahnhof	❾ St. Johanniskirche
❷ Alter Kran	❿ Wasserturm
❸ Stintmarkt	⓫ Brauereimuseum
❹ St. Nikolaikirche	⓬ Deutsches Salzmuseum
❺ Rathaus	⓭ Salztherme
❻ Predigerwitwenhäuser	⓮ Kalkberg
❼ Ratsapotheke	⓯ St. Michaelis
❽ Industrie- und Handels-	
kammer	

Fassaden aus mehreren Jahrhunderten die lange Geschichte des Gebäudes erahnen, das seit 1240 immer wieder erweitert wurde. Malerische Ensembles sind nördlich des Rathauses die **Garlopen-** (Reitende Diener) und die **Predigerwitwenhäuser** ❻. Die Touristeninformation hat ihr Büro an der Südostecke des Rathauses. Davor steht ein Bronzemodell der alten Stadt, an dem man den eigenen Rundgang nachvollziehen kann.

Blick vom Wasserturm auf das Zentrum der alten Salzstadt Lüneburg

Vom Markt südwärts verläuft die **Große Bäckerstraße**, Lüneburgs schönste Einkaufsmeile dank der zahllosen erhaltenen prächtigen Giebel. Hier sollte man bei der **Alten Ratsapotheke** ❼ nicht nur die Renaissancefassade von 1598 bewundern, sondern auch einen Blick ins Innere des prächtigen Hauses tun. Die **Schröderstraße** läuft westlich parallel und lädt mit ihren Restaurants und Kneipen zum Ausspannen ein. Die Universitätsstadt Lüneburg zeigt hier ihr originelles, kreatives Gesicht.

Viele Altstadtstraßen sind den Fußgängern vorbehalten. Der lebendigste Platz, **Am Sande**, war einst Fuhrwerk-Parkplatz und ist von prachtvollen Bürgerhäusern eingerahmt – aus der Zeit der Gotik bis ins 20. Jahrhundert. Nummer 1 auf der Westseite beherbergt in einem Haus von 1548 aus dunklen Backsteinen und mit Treppengiebel die Industrie- und Handelskammer ❽. Im Osten

Bedrohte Altstadt

Lüneburg blieb im Zweiten Weltkrieg von der Zerstörung weitgehend verschont. Aber mit dem Neubeginn nach dem Krieg setzte die Vernichtung der Stadt ein: In den 1950er-Jahren wurden allein 160 der 2500 Renaissancehäuser abgebrochen. Hätten sich nicht engagierte Bürger wie der Bildhauer und Grafiker Curt Pomp in den 1970er-Jahren für den Erhalt der Altstadt eingesetzt, wären wohl noch viele weitere prachtvolle alte Häuser der Spitzhacke zum Opfer gefallen.

Die mächtige St. Johanniskirche schließt den Platz »Am Sande« ab.

zieht die gewaltige **St. Johanniskirche** ❾ mit ihrem 108 Meter hohen Backsteinturm die Blicke auf sich. Eindrucksvoll ist die fünfschiffige Hallenkirche des 13. Jahrhunderts mit ihrer berühmten Barockorgel.

Dem Salz auf der Spur Einen großartigen Rundblick über die Stadt verschafft man sich aus 56 Meter Höhe vom neugotischen **Wasserturm** ❿ von 1907. Woher die Bierbrauer ihr reines Süßwasser erhielten, lernt man im **Brauereimuseum** ⓫ auf dem Hinterhof der legendären Kronenbrauerei in der Heiligengeiststraße. Ein Muss ist der Besuch des **Deutschen Salzmuseums** ⓬ in der ehemaligen Saline, in der bis ins 20. Jahrhundert die stärkste Solquelle Deutschlands ausgebeutet wurde. Vor allem waren es seit dem 10. Jahrhundert die Salzquellen, die Lüneburg reich machten. Der Zugang zum Museum führt durch einen Eisenbahnwaggon – Erinnerung an den neuzeitlichen Salztransport bis 1980. Für Jung und Alt wird sehr anschaulich alles Wissenswerte über das Salz und seine Gewinnung erklärt. Echte Salzluft einatmen kann man am Gradierwerk im Kurpark und nebenan in der schönen **Salztherme Lüneburg** ⓭ (SaLü).

Das Lüneburger Wallsystem

Die Lüneburger markierten im 14. und 15. Jahrhundert ihre äußeren Stadtgrenzen mit einem ausgeklügelten Wallsystem, das nicht der Verteidigung diente, sondern der Lenkung des Warenverkehrs in ihre Stadt, die dadurch ihr Stapelrecht wahrnehmen konnte.

Straßen wie »Salzstraße« oder »Neue Sülze« prägen den westlichen Teil der Altstadt. Jenseits der einstigen Stadtmauer erhebt sich der **Kalkberg** , ein idealer Aussichtshügel, wo man aus 57 Meter Höhe die Landschaft westlich von Lüneburg überblickt. Die tiefe Delle vor seiner Südseite verrät – hier wurde jahrhundertelang der als Baumaterial begehrte Gips abgebaut. Nach Osten schaut man auf das einstige **Benediktinerkloster St. Michaelis**, das seit dem 14. Jahrhundert am Fuß des Kalkbergs steht. In der Klosterschule St. Michaelis erhielt Johann Sebastian Bach (1685–1750) als Chorschüler 1700–02 das entscheidende Rüstzeug für seine musikalische Karriere.

Während das Salz in Lüneburgs Untergrund den Berg emporgehoben hat, führte die Entnahme der Salzlauge an anderer Stelle zu Bodensenkungen und stellte so manches Haus in malerische Schräglage, besonders gut zu sehen in der Straße Auf dem Meere. Durch die kopfsteingepflasterte Waagestraße, am Rathaus vorbei, und durch stille Altstadtstraßen gelangt man wieder zur Ilmenaubrücke an der Lüner Straße und zurück zum Bahnhof.

Der Alte Kran am alten Hafen

■ Besichtigung/Museum

Rathaus: Führungen Tel. 04131/30 92 30; April bis Dez. fünfmal, sonst Di–Sa dreimal tägl.
Wasserturm: April bis Okt. tägl. 10–18 Uhr, sonst nur Di–So
Brauereimuseum: Di–So 13–16.30 Uhr
Salzmuseum: tägl. 10–17 Uhr, April–Sept. Mo–Fr ab 9 Uhr
Salztherme: Mo–Sa 10–23, So, Fei 8–21 Uhr

Mit dem Fahrrad rund um Lüneburg

Entlang der nördlichen Stadtmauer Vom Bahnhof gelangt man über die Lüner Straße in die Altstadt und orientiert sich an den Straßen Hinter der Bardowicker Mauer und Grantwall, wo man die nördliche Stadtmauer erahnt und zum Teil noch erkennen kann.

Über die Alte Landwehr nach Bardowick Über gut vier Kilometer verläuft der Radweg noch vor dem Ortskern von Reppenstedt nordwärts über den am besten erhal-

Der mittelalterliche Dom spiegelt die einstige Bedeutung dieses alten Ortes zwischen Slawen- und Germanenland wider.

tenen Teil der Alten Landwehr. Im Nordwesten der Stadt bildet der Landwehrgraben heute noch die Stadtgrenze. Der Flecken Bardowick nördlich davon war vor Lüneburgs Blüte ein wichtiger Handelsort zwischen Sachsen und Slawen, bis Heinrich der Löwe ihn 1189 wütend zerstörte: Die Bardowicker verweigerten ihrem Oberherrn den Zutritt. Das Westwerk des mächtigen **Bardowicker Doms** ist zum Teil noch romanisch, das gotische Hauptschiff stammt aus dem 15. Jahrhundert. Berühmt ist das mittelalterliche **Chorgestühl**. Die Kirche war kein Bischofssitz, sondern gehörte zu einem Kollegiatstift.

Elbe-Seitenkanal und Schiffshebewerk Scharnebeck Genussvoll ist das Radeln in der Ebene über **St. Dionys** und **Brietlingen**, denn zwischen Ilmenau und Elbe erstreckt sich die von vielen Kanälen und Altwässern durchzogene Elbmarsch. Ein Relikt aus der Zeit der deutsch-deutschen Teilung ist der 115 Kilometer lange Elbe-Seitenkanal, der ab 1976 der Binnenschifffahrt eine direkte Verbindung zwischen Elbe und Mittellandkanal bot. Am Übergang von der Marsch zur Geest überwinden die Schiffe am spektakulären Schiffshebewerk Scharnebeck 38 Meter Höhenunterschied innerhalb von fünfzehn Minuten.

Entlang der Ilmenau zum Kloster Lüne Zwischen Waldland im Osten und Kanal im Westen führt der Radweg rund acht Kilometer südwärts, bevor man Richtung Lüneburg und durch das vielseitige Erholungsgebiet **Wilschenbruch** zur Innenstadt zurückkehrt. Ab **Schröders Biergarten** (Vor dem Roten Tore 72a) können Unermüdliche noch auf der Ilmenau paddeln, Ermüdete eine Pause einlegen.

Ein stilles und sehr malerisches Ensemble nördlich des Bahnhofs ist **Kloster Lüne**. Das einstige Benediktinerinnenkloster erhielt seine heutige Gestalt 1374–1412, die weitgehend erhalten ist. Lange widersetzten sich die Nonnen der Reformation, erst 1711 wurde Kloster Lüne evangelisches Damenstift. Berühmt ist sein **Textilmuseum**, unter anderem mit gestickten Bildteppichen und Weißstickereien des 13. bis 16. Jahrhunderts. Zum Bahnhof sind es per Rad keine fünf Minuten.

■ **Einkehr** Rote Schleuse, April bis Dez. Mo geschlossen, Jan. bis März Mo und Di geschlossen; Schröders Garten, Biergarten mit Bootsverleih an der Ilmenau; Café im Kloster Lüne

■ **Besichtigung** Schiffshebewerk Ausstellungshalle: 15. März bis 31. Okt. tägl. 10–18 Uhr; Kloster Lüne: Führungen April bis 15. Okt. Di–Sa 10.30, 14.30, 15.30, So, Fei 11.30, 14.30, 15.30 Uhr, sonst n. V., www.kloster-luene.de

Am Schiffshebewerk Scharnebeck werden Binnenschiffe mit ihrer gesamten Ladung 38 Meter nach oben oder unten befördert, um die Reise auf dem Elbe-Seitenkanal fortzusetzen.

22

Mit dem Auto durch die Elbtalauen

■ **Ausgangs- und Endpunkt**
Hamburg
■ **Streckenlänge**
ab Hamburg ca. 250 km
■ **Einkehr**
in Boizenburg, Preten, Vielank, Dömitz, Dannenberg, Hitzacker und Bleckede
■ **Information**
www.elbetal-mv.de, www.elbtalaue.niedersachsen.de;
Amt Neuhaus: Touristen-Information Haus des Gastes, Tel. 038841/2 07 47, www.archaeo-zentrum.de

Historische Palmschleuse
bei Lauenburg

Das Elbtal oberhalb von Lauenburg lag bis zur Wende auf neunzig Kilometern im Schatten der Grenze zwischen DDR und BRD. Durch diese »abseitige« Lage hat sich im Biosphärenreservat Flusslandschaft Elbe viel vom ursprünglichen Reiz der Natur erhalten. Freuen Sie sich auf das barocke Boizenburg, die Festung Dömitz und das liebliche Hitzacker.

Von Lauenburg nach Boizenburg Fahren Sie von Hamburg über die B 5 in die alte Flussschifferstadt Lauenburg (s. S. 56). Östlich der Stadt queren Sie zuerst den 1900 erbauten Elbe-Lübeck-Kanal und anschließend den Vorläufer, den Stecknitzkanal, auch »nasse Salzstraße« genannt. Hier ist Europas älteste Kammerschleuse erhalten geblieben, die **Palmschleuse**. Die historische Stecknitz-Fahrt begann 1398, die heutige Schleuse stammt von einem Umbau 1724. Kiefernwald begleitet Sie bis Boizenburg, eine regelmäßig angelegte barocke Stadt. Sie war 1709 durch einen Brand weitgehend

zerstört worden und wurde binnen zwei Jahren mit großem Markt und Festungsgürtel wieder aufgebaut. Umrunden Sie die **Altstadt** mit ihren gut erhaltenen Fachwerkhäusern auf den von Linden beschatteten Wällen. In Boizenburg werden seit 1903 Fliesen für den Weltmarkt produziert. Eine Sammlung vieler künstlerisch gestalteter Stücke zeigt das **Erste Deutsche Fliesenmuseum** (Reichenstraße 4, Di–Fr 10–16, Sa/So 14–16 Uhr).

Das Amt Neuhaus Die B 195 führt in die Gemeinde Amt Neuhaus. Bis zur Wende DDR-Territorium, gehört sie infolge einer Volksabstimmung 1993 heute zum Landkreis Lüneburg und somit zu Niedersachsen. Die feuchten Niederungen von Elbe, Sude und Krainke sind ein Paradies für Störche. In **Preten** informiert Sie das Informationszentrum **Storkenkate** (Tel. 038841/2 04 12) über diesen besonderen Vogel. Durch Neuhaus geht es an den Elbdeich. **Konau** ist als typisches Marschhufendorf erhalten geblieben. Hier lohnt sich ein Deichspaziergang.

Auch bei Hochwasser bewähren sich die alten Fähren über die Elbe.

■ **Einkehr** Café Zum Schwarzen Schaf im alten Bahnhofsgebäude Preten direkt am Sude-Deich

Am Rand des Urstromtals der Elbe gibt es häufig **Dünen**. Der Sand wurde infolge der Eiszeit aus dem damals vegetationslosen Elbtal zusammengeweht. Einige der Dünen sind auch heute noch aktiv. In Stixe beweisen dies verschüttete Kiefern. Bemerkenswert

Die Stixer Wanderdüne im Elbe-Urstrom wird von Kiefernforsten begrenzt.

ist die Kirche in **Tripkau**. Der ursprüngliche Kirchenbau von 1618 hatte keinen Turm, er wurde erst Mitte des 18. Jahrhunderts im Fachwerkstil aufgesetzt .

Griese Gegend und Dömitz Nördlich des Elbtals liegt die Griese Gegend, ein sandiges Gebiet. Löschen Sie Ihren Durst in **Vielank** und probieren Sie das Ungefilterte des Vielanker Brauhauses direkt im Sudhaus – für den Autofahrer natürlich auch zum Mitnehmen. Direkt an der Elbe, und damit unmittelbar an der Grenze, lag während der DDR-Zeit der Ort Rüterberg. Er war von zwei hohen Zäunen umgeben und somit von der Außenwelt abgeschnitten. Aus Protest gegen diese Isolation riefen die Bewohnern noch vor dem Fall der Mauer am 8. November 1989 die **Dorfrepublik Rüterberg** aus. Besuchen Sie die örtliche Heimatstube.

Wie Rüterberg liegt auch Dömitz an der Elbe. Die **Festung Dömitz**, die Mecklenburg seit dem 13. Jahrhundert an der Elbe sicherte, erhielt im 16. Jahrhundert ihre heutige Form und ist eine der wenigen gut erhaltenen Flachlandfestungen. In den als Fünfeck angelegten Außenanlagen lässt sich die Wehrtechnik der Renaissance nachvollziehen. Drinnen im Museum erhalten Sie einen Einblick in die rund 750-jährige Geschichte der Festung, besonders im Pulverkeller, dem schönsten und eindrucksvollsten Ausstellungsraum.

Südlich der Elbe über Dannenberg und Hitzacker nach Lauenburg Auf der nach der Wende erbauten Straßenbrücke im Zuge der B 191 überqueren Sie die Elbe. Stromaufwärts sehen Sie wie ein Mahnmal die Ruine der im Zweiten Weltkrieg zerstörten Dömitzer Eisenbahnbrücke, die an die jahrzehntelange Grenze erinnert. Zwölf Kilometer weiter taucht in Dannenberg der dicke **Waldemarturm**, das Wahrzeichen der Stadt, auf. Er ist der Rest einer Burg, die im 16./17. Jahrhundert als herzogliche Residenz einer Nebenlinie der Welfen diente. Wie der Turm zu seinem Namen kam und andere interessante Aspekte der neunhundertjährigen Stadtgeschichte erzählt das Museum. In Hitzacker kehrt man an die Elbe zurück. Fast regelmäßig hieß es früher »Land unter«, denn die idyllische Altstadt liegt auf einer Insel an der Mündung der Jeetzel in die Elbe. Heute verhindert eine Flutschutzmauer Überschwemmungen. Hitzacker besitzt bereits seit 1258 Stadtrecht. Dass die Besiedlung sehr viel weiter zurückreicht, beweisen archäologische Ausgrabungen aus der Bronzezeit. Für Besucher wurde am östlichen Stadtrand im **Freilichtmuseum Archäologisches Zentrum Hitzacker** ein Dorf mit prähistorischen Gebäuden rekonstruiert. Westlich von Hitzacker reicht der bewaldete Höhenzug des **Drawehn** bis unmittelbar an die Elbe. Die Elbuferstraße windet sich kurvenreich zwischen Fluss und Wald. Wenn Sie auf dem **Kniepenberg** (86 m) den Aussichtsturm besteigen, haben Sie einen fantastischen Blick hinunter ins Elbtal. Im weiteren Verlauf der Elbuferstraße bieten in Neu-Darchau und Bleckede Fähren Anschluss an das Nordufer. Der schnellste Rückweg nach Hamburg ist jedoch die A 250 über Lüneburg.

So still ist es im Biosphärenreservat Elbtalaue am Elbdeich nahe dem Hauptstrom.

23 Radtour rund um das Luhetal ab Salzhausen

- **Ausgangs- und Endpunkt**
Salzhausen, Rathaus (Touristeninformation)
- **Anfahrt**
Bahn bis Buchholz, Heide-Shuttle (15. 7. bis 15. 10. alle 2 Std., kostenloser Bus mit Fahrradtransport, www.heideshuttle.de) bis Salzhausen; per Auto: A 7 Abfahrt Garlstorf, dann 9 km bis Salzhausen
- **Streckenlänge**
40 km
- **Information**
www.salzhausen.de, www.amelinghausen.de
- **Einkehr**
Salzhausen, Lopauer See/ Amelinghausen, Eyendorf

Die sanft hügelige Umgebung des Heideflüsschens Luhe hat viele prähistorische Völker angezogen und ist bis heute eine Augenweide. Von Salzhausen aus radelt man meist auf kleinen Asphaltstraßen durch Feld und Wald zur Heidelandschaft »Marxener Paradies«, lernt die Oldendorfer Totenstatt kennen und entspannt sich am Lopauer See. Über einsame Straßen geht es zurück.

Salzhausen und Luhmühlen In Salzhausens Zentrum weist die gotische St. Johanniskirche mit dem Rundturm von 1464 auf die lange Geschichte des modernen Erholungsortes hin. Etwas gruselig ist der Gedanke an die Hingerichteten auf dem Gallerberg westlich des Luhetals, während man ostwärts nach Luhmühlen abbiegt. Dessen jährliches Turnier im Vielseitigkeitsreiten hat internationales Renommee.

Marxener Paradies Am Luhetal entlang, dann durch hügeliges Waldgebiet und offene Felder radelt man nach **Wetzen** (s. S. 72). In **Mar-**

xen am Berge geht es links Richtung Drögennindorf, einen Kilometer weiter rechts zum Marxener Paradies, einer kleinen, malerischen Heidelandschaft in einem Trockental mit urigen Wacholderbüschen. Durch den Wald kehrt man nordwärts nach Marxen zurück; Interessierte besuchen hier das Feuerwehrmuseum.

Oldendorfer Totenstatt Der Besuch der Oldendorfer Totenstatt ist ein Muss: Nirgendwo sonst in der Heide findet man auf so engem Raum eine solche Häufung von Begräbnisstätten von der Jungsteinzeit bis in die Eisenzeit (3700 v. Chr. bis ca. 300 n. Chr.): Hünenbetten, Großsteingräber, diverse Grabhügel und Urnenfriedhöfe. Ergänzt wird dieses ausgedehnte Freilichtmuseum durch das **Archäologische Museum in Oldendorf** (Juli bis Okt. Di–Sa 10–12, 14–17 Uhr, So 10–16 Uhr, sonst Sa 14–16, So 10–16 Uhr) im historischen Schulhaus von 1750.

Lopausee und Amelinghausen Südlich der Totenstatt mündet das Flüsschen Lopau in die Luhe. Die Fahrradroute lopauaufwärts führt am Festplatz **Kronsbergheide** vorbei. Alljährlich Ende August wird in Amelinghausen ein spektakuläres **Heideblütenfest** mit einem großartigen Umzug und der Wahl der Heideblütenkönigin gefeiert. Südlich der B 209 liegt der künstlich aufgestaute Lopausee mit Campingplatz, Gaststätten und schönem Rundweg.

Amelinghausen-Salzhausen Amelinghausen durchquert man auf ruhigen Straßen nördlich des Zentrums Richtung Wohlenbüttel und erlebt südlich der Straße vor dem Ortseingang von **Soderstorf** einen weiteren archäologischen Höhepunkt dieser Gegend: Die **Soderstorfer Nekropole** weist mit Steingräbern, Hügelgräbern und Urnenfriedhöfen darauf hin, dass dieser Begräbnisplatz von der Trichterbecherkultur der Jungsteinzeit bis in die vorrömische Eisenzeit benutzt wurde. Ein erfrischender Anblick ist die historische **Wassermühle** von 1821 in Soderstorf – schon seit dem 15. Jahrhundert war hier an der Luhe eine Mühle in Betrieb. Radeln Sie über Rolfsen, Raven und Eyendorf nach Salzhausen zurück.

An Salzhausens St. Johanniskirche wurden Feldsteine verbaut, die während der Eiszeiten nach Norddeutschland gelangten.

71

24 Paddeln auf der Luhe

■ **Ausgangspunkt**
Wetzen, via A 250 Ausfahrt
Winsen West, Landstraße
über Pattensen und Garstedt
■ **Endpunkt**
Straßenbrücke Vierhöfen-Gar-
stedt, Rückfahrt über Wulf-
sen und Pattensen zur A 250
■ **Streckenlänge**
15 km
■ **Einkehr**
direkt an der Luhe keine
Einkehrmöglichkeit, Pick-
nick-Korb nicht vergessen!
■ **Bootsvermietung**
Heide-Kanu Oldendorf
(Luhe), Tel. 04132/
93 39 33, www.heide-
kanu.de. Kanu-Fertig-Los
Bootsvermietung, Handeloh,
Tel. 04188/22 54 77,
www.kanufertiglos.de

Die Luhe ist einer der beliebtesten norddeutschen Paddel-Flüsse. Landschaftliche Schönheit und eine durch Strömung und verschiedene Schwallstrecken sportliche Note machen ihren besonderen Reiz aus. Speziell an Sommerwochenenden sind daher zahlreiche Wassersportler unterwegs. Die reine Fahrzeit zwischen Wetzen und Garstedt-Vierhöfen beträgt rund vier Stunden.

Start an der Straßenbrücke in Wetzen Ab Wetzen (Flusskilometer 20,5) ist die Luhe aufgrund der ausreichenden Breite und Wassertiefe auch mit Kanus ohne Schädigung der Natur befahrbar. Wenn Sie Grundkenntnisse im Paddeln besitzen, können Sie hier gut starten. Direkt an der Straßenbrücke befindet sich ein Holzsteg, sodass das Einsetzen hier bequem möglich ist. Recht geradlinig und mit einiger Strömung fließt die Luhe dahin, eine erste Schwallstrecke ist zu meistern. Nach fünf Kilometern oder eindreiviertel Stunden ist **Luhmühlen** erreicht. Das ehemalige Wehr ist in eine rund siebzig Meter lange Schwallstrecke umgestaltet worden, die nur einzeln befahren werden sollte.

Herausforderung für Paddler auf der Luhe

Weitere Einsetzmöglichkeit in Luhmühlen Direkt an der Straßenbrücke Luhmühlen (Kilometer 25,7) befindet sich eine weitere Einsetzstelle, die sich auch gut als **Rastplatz** eignet. Wassersportler ohne größere Erfahrung sollten aufgrund der langen Schwallstrecke erst hier einsetzen. In zahlreichen Windungen geht es nun weitab jeglicher Bebauung durch eine Wiesenlandschaft – der vielleicht schönste Abschnitt der Luhe. Etwa bei Kilometer 28,7 werden zwei Fußgängerbrücken passiert. Sie sind im **Park Lobke** mit seinem bemerkenswerten alten Baumbestand (bitte nicht aus-

Die Luhe eignet sich aber auch für einen Familienausflug.

steigen!). Oberhalb des **Gutes Schnede** (Kilometer 30,5) teilt sich der Fluss. Kanuten benutzen den rechten Arm, der linke führt in die Fischteiche von Gut Schnede, eine große Forellenzuchtanlage. Unterhalb von Schnede sorgt ein verfallenes Wehr mit einer Walze für einen kurzen Adrenalinstoß. Hier ist schon mancher baden gegangen. Wenn Sie möchten, können Sie die Stelle auch umtragen und dabei gleich eine Pause machen. Dabei können Sie Kanuten mit ultrakurzen Wildwasserbooten zuschauen, die die Walze gerne für Wasserakrobatik benutzen.

Ausstieg an der Straßenbrücke Garstedt-Vierhöfen Bei Flusskilometer 35,5 wird die Straßenbrücke Garstedt-Vierhöfen erreicht. Hier gibt es eine große Wiese mit viel Platz und einer Grillhütte. Hier endet die Tour nach fünfzehn Kilometern und ungefähr vier Stunden Paddelzeit. Wer möchte, kann noch weiterfahren bis Bahlburg (Kilometer 39,8) oder Luhdorf (Kilometer 43). Insgesamt fließt die **Luhe** auf 58 Kilometern von der Quelle bei Bispingen zuerst durch die Nordheide und dann in die Elbmarsch.

■ **Befahrungsregeln** Die Luhe darf nur von 9 bis 18 Uhr befahren werden. Ab Schwindebeck (Kilometer 8) sind Einer- und Zweier-Kajaks erlaubt, ab Wetzen auch Kanadier. An Himmelfahrt und am Pfingstwochenende (Sa/So und Mo) ist das Befahren der Luhe erst ab Garstedt möglich.

25

Wanderung von Undeloh zum Wilseder Berg

■ **Ausgangs- und Endpunkt**
Undeloh
■ **Anfahrt**
Bahn bis Buchholz, kostenloser Heide-Shuttle (15. 7.
bis 15. 10. alle 2 Std.,
www.heideshuttle.de) bis
Undeloh; per Auto: A 7 Abfahrt Egestorf, dann 9 km
bis Undeloh
■ **Streckenlänge**
7 km
■ **Information**
www.undeloh.de
■ **Einkehr**
in Undeloh und Wilsede

**Heidepastor Bode wirkte
in der Egestorfer Kirche.**

**In gut siebzig Meter Höhe startet man im Heidedörfchen Unde-
loh, und nur 169 Meter hoch ist der Wilseder Berg, die höchste
Erhebung der Nordwestdeutschen Tiefebene. Die Wanderung
auf diesen Gipfel ist mühelos – ein Klassiker im berühmten Naturschutzgebiet Lüneburger Heide. Unterwegs passiert man
Schafställe oder begegnet sogar einer Herde Heidschnucken;
einkehren kann man im winzigen Dorf Wilsede.**

In Undeloh Von Undeloh bricht man auf ins **Naturschutzgebiet
Lüneburger Heide** – zu Fuß, auf Fahrrädern oder per Kutsche.
Gönnen Sie der St. Magdalenen-Kirche (im Sommer tägl. 8–20 Uhr)
einen Besuch, einer Wehrkirche des 12. Jahrhunderts mit Mauern
aus groben Findlingen, Fachwerkanbau und extra Glockenturm.
Das Haus der Natur (Mai bis Anf. Okt. Di–So 10–13, 14–17 Uhr) offenbart den Naturreichtum dieser alten Kulturlandschaft.

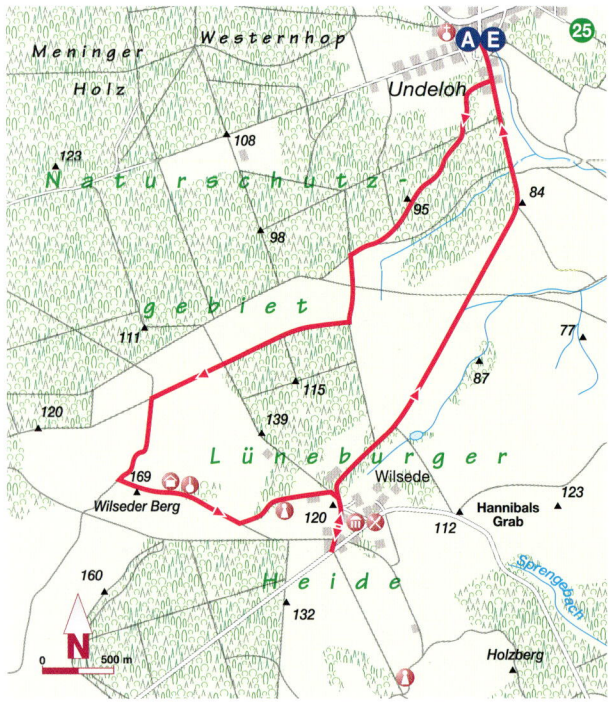

Wer mit der Kutsche durch die Heidelandschaft fährt, sitzt bequem und hat eine 360-Grad-Rundumsicht.

Wilseder Berg Die klassische Route von Undeloh zum Wilseder Berg ist Teil des Europäischen Fernwanderwegs 1 – folgen Sie ab Undeloh einfach dem weißen Andreaskreuz. Es geht anfangs durch Wald und ein wenig Moor, dann aber schlängelt sich der Heideweg zwischen bizarren Wacholderbüschen zum Gipfel. Wälder begrenzen die weite, kahle **Heidelandschaft** in der Ferne, bei klarer Sicht sieht man den Hamburger Fernsehturm.

Wilsede Zum »Kutschenbahnhof« in Wilsede rollen Fuhrwerke aus verschiedenen Heidedörfern. Hungrige und durstige Touristen strömen in die beiden Restaurants, Wissensdurstige wenden sich dem reetgedeckten **Heidemuseum »Dat ole Hus«** (Mai bis Anf. Okt. Di–So 10–13, 14–17 Uhr) zu. Mühselige Arbeit war die Heidewirtschaft. Um die Heide zu pflegen, »plaggten« die Bauern stellenweise Heidesoden ab und nutzten sie als Stallstreu, die später auf den Äckern untergepflügt wurde.

Heute wird die Heide maschinell geplaggt und Schafe weiden aufwachsende Baumschösslinge ab. Wandert man auf dem birkenbestandenen **Wilseder Weg** neben der Kutschenstrecke nach Undeloh zurück, hat man wahrscheinlich Gelegenheit, den Heidschnucken bei dieser wichtigen Arbeit zuzusehen.

Uralte Kulturlandschaft

Nachdem schon die vorgeschichtlichen Siedler hier den Mischwald dezimiert hatten, machte sich das anspruchslose Heidekraut (Calluna vulgaris) breit, ein Strauch, der weder Humus noch Schatten verträgt. Die Bauern entwickelten eine hochspezialisierte Woll- und Honigproduktion: Die genügsamen Heidschnucken hielten das Heidekraut kurz und lieferten Wolle. Der würzige Heidehonig war bis zur Einführung des Zuckers ein wichtiger Süßstoff. Seit dem 18./19. Jahrhundert war es ertragreicher, die Heide aufzuforsten und mit Hilfe von Kunstdünger Ackerbau zu betreiben. Ende des 19. Jahrhunderts waren nur wenige Heideflächen übrig geblieben – die größte um den Wilseder Berg. Mutige Heimatschützer halfen sie zu bewahren (s. S. 76).

26

Radtour durch die Nordheide

Weil Heidepastor Bode und seine Mitstreiter ab Ende des 19. Jahrhunderts für den Erhalt der Heidelandschaft kämpften, freuen sich heute nicht nur Touristen über die Heideblüte, sondern auch Imker und 12 000 Bienenvölker. Diese Fahrrad-Rundtour ab Undeloh folgt – zum Teil auf rauen Wegen – weitgehend der »Bienenzauntour« und führt zu den schönsten Heideflächen der Nordheide sowie zu Bodes Kirche in Egestorf.

Undeloh und Wilsede Robust sollte Ihr Fahrrad sein, wenn Sie ab Undeloh starten: Sandige oder steinige Heidewege und hie und da Baumwurzeln auf Waldpfaden sind typisch für diese Landschaft. Für den Weg von Undeloh zum **Wilseder Berg** kann man dem auf S. 74 beschriebenen Wanderweg folgen (Europäischer Wanderweg 1, auch als Fahrradroute 23, **Bienenzauntour**, bezeichnet), da aber in Bergnähe geschoben werden muss, empfiehlt sich der Pfad neben dem Kutschenweg nach Wilsede, dann ein Abstecher zum höchsten Berg der Heidelandschaft. Gehen Sie die letzten vierhundert Meter zum Gipfel zu Fuß!

Totengrund und Hannibals Grab Vom Heidemuseum (s. S. 75) in Wilsede folgen Sie dem **Lüneburger-Heide-Radweg** südostwärts zum Totengrund, umrunden diese tiefe, wacholderbestandene Senke – ein Überbleibsel der Eiszeit, ein sogenanntes Toteisloch – im Süden und wenden sich kurz hinter dem **Forstamt Sellhorn** nordwärts. Hannibals Grab, mit dem der karthagische Feldherr rein gar nichts

*Abwechslungsreicher Familien-
ausflug in der Lüneburger Heide*

Naturschutzgebiet Lüneburger Heide

Das Heidegebiet um den Wilseder Berg drohte Ende des 19. Jahrhunderts von Ausflüglern verschandelt und von Sommerhäusern zersiedelt zu werden. Pastor Wilhelm Bode (1860–1927) aus Egestorf war der eifrigste Mahner gegen den Ausverkauf dieser Landschaft. 1905 erwarb Professor Andreas Thomsen aus Münster den Totengrund, 1910 hatte Wilhelm Bode genügend Geld gesammelt, um den Wilseder Berg zu kaufen. Nach und nach kamen weitere Landstücke in die Hände des 1909 gegründeten »Vereins Naturschutzpark«, 1921 wurde das Naturschutzgebiet Lüneburger Heide staatlich anerkannt.

zu tun hatte, ist der Rest eines Hünengrabs mit auffälligem Steinring nördlich abseits der Straße nach Döhle.

Pastor-Bode-Weg und Egestorf Wenig weiter westlich Richtung Wilsede zweigt nach Nordosten der Pastor-Bode-Weg ab, einer der idyllischsten Heidewege – der Sandboden ist für Radler teilweise eine Herausforderung. Sie überqueren den Radenbach (auf dem Bohlenweg Rad schieben!) und in **Sudermühlen** die Schmale Aue. Hier folgen Sie der Straße nach **Egestorf**, um die **Stephanuskirche** kennenzulernen, Wirkungsstätte von Heidepastor Bode von 1885 bis 1923. Wer Abwechslung zum Radeln braucht, besucht den **Barfußpark** in Egestorf.

Von Hanstedt über den Töps Nehmen Sie die Straße nach Sudermühlen zurück und folgen Sie der Bienenzauntour bis Hanstedt, meist nahe dem Lauf der Schmalen Aue. Von der Lindenallee aus führt die Route westwärts quer durch die bewaldeten **Hanstedter Berge**. Über hundert Meter hoch liegt der höchste Teil, das Heidegebiet **Auf dem Töps**, mit Schafstall, Heidschnucken und Bienenzäunen. Fahren Sie weiter westwärts durch den Wald, bis sich die **Weseler Heide** vor Ihnen öffnet. Auf dem aussichtsreichen Weg am Waldrand fahren Sie nach Undeloh zurück.

Hier tragen fleißige Bienen den Heidehonig zusammen.

27

Von Stade in Moor und Marsch

■ **Ausgangs- und Endpunkt**
Bahnhof Stade
■ **Anfahrt**
Bahn: S 3 oder Metronom ab Hamburg bzw. Hamburg-Harburg, Auto: A 7 bis Ausfahrt Heimfeld, B 73
■ **Streckenlänge**
Radtour 25 km
■ **Einkehr**
Stade, Drochtersen, Festung Grauerort, Bützfleth
■ **Information**
www.stade-tourismus.de,
www.festung-grauerort.de

Dieser Tourenvorschlag ist zweigeteilt: auf der einen Seite ein Rundgang durch die quirlige Altstadt von Stade mit ihren Fachwerkhäusern, Museen und Einkaufsmöglichkeiten, auf der anderen Seite eine Radtour in die Weite des Stader- und Kehdinger Lands. Hier locken Ziele wie die Moorbahn, eine alte Ziegelei oder die Kasematten der Festung Grauerort am Elbstrom.

Hansestadt Stade

Rundgang durch die Hansestadt Stade Der **Bahnhof** Stade ❶ ist Ausgangspunkt Ihres Rundgangs. Er liegt direkt am Grüngürtel des alten Burggrabens. Die Bahnhofstraße führt hinüber in die Altstadt. Meist durch Fußgängerzonen geht es über Holzstraße, Pferdemarkt und Goos hinüber zur gotischen **St. Wilhadi-Kirche** ❷. Während der Turm aus dem 13. Jahrhundert stammt, wurde das Innere nach dem Großbrand 1659 erneuert. Durch Löfflerstraße, Hagendorn und Hinterm Hagendorn sind es nur zweihundert Meter zur **St. Cosmae et Damiani-Kirche** ❸. Sie wurde ebenfalls nach dem Brand erneuert. Erleben Sie hier ein Konzert auf der barocken

Stades Hanse-Hafen ist heute ein Touristenmagnet.

Mittelalterliches Stadtbild

Stade ist eine der ältesten Siedlungen in Norddeutschland. Die Altstadt wird vom Flüsschen Schwinge und dem Burggraben umflossen. halten geblieben. Die Blütezeit lag in der Hansezeit. Das mittelalterliche Stadtbild ist trotz eines Stadtbrands 1659 bis heute erIm 18. Jahrhundert war Stade schwedischer Verwaltungssitz. Davon zeugen bis heute die Wälle und der Schwedenspeicher am Hansehafen.

Arp-Schnitger-Orgel. Hinter St. Cosmae führt eine Gasse über das Gelände des ehemaligen **St. Johannis-Klosters** ❹. Die Bürgerstraße führt hinauf zum **Spiegelberg** ❺ mit seinen Fachwerkhäusern. Eine Tafel erinnert daran, dass hier einmal eine Burg Heinrichs des Löwen stand. Auf Kopfsteinpflaster geht es nun hinunter zum Baumhaus. Vis-à-vis entdecken Sie schon den wuchtigen Bau des Regionalmuseums Schwedenspeicher, das Sie über die Schwingebrücke erreichen.

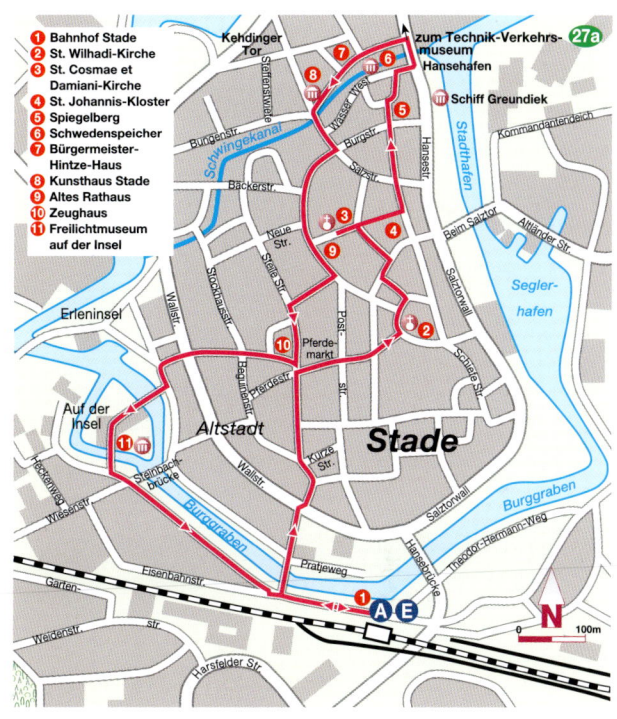

■ **Tipp** Technikfans besuchen von hier das alte Küstenmotorschiff »Greundiek« im Stadthafen und das einen Kilometer entfernte Technik- und Verkehrsmuseum mit rund fünftausend Exponaten.

Am Hansehafen Der **Schwedenspeicher** ❻ liegt am Hansehafen, dem historischen Herzen der Kaufmannsstadt. Zu beiden Seiten des Beckens entdecken Sie die prächtigen Fachwerkfassaden der Bürgerhäuser und die Stadtwaage. Auffällig ist das **Bürgermeister-Hintze-Haus** im Stil der Weserrenaissance ❼. An der Ecke der Straße Wasser West zum Fischmarkt finden Sie das **Kunsthaus Stade** ❽.

■ **Museum** Schwedenspeicher-Museum und Kunsthaus Stade, Di–Fr 10–17 Uhr, Sa/So 10–18 Uhr, www.kunsthaus-stade.de

Hökerstraße, Rathaus und Freilichtmuseum Die belebte Hökerstraße ist die Haupteinkaufsstraße. Sie führt direkt am Alten Rathaus ❾ von 1667 vorbei. Die drei Figuren Gerechtigkeit, Frömmigkeit und Frieden am Portal sind das Sinnbild für die lateinische Inschrift. Ein Schild »Bahnhof« weist Sie nach rechts. Sie kommen zum Pferdemarkt. Er wird vom mächtigen weißen Klotz des **Zeughauses** ❿ dominiert. Gebaut als Munitions- und Waffenlager während der Schwedenzeit, beherbergt es heute eine Einkaufspassage. Die Inselstraße hinunter und über die Wallstraße hinweg erreichen Sie den Burggraben. Über eine Holzbrücke geht es hinüber zum Bleicher-Ravelin mit dem Freilichtmuseum auf der Insel (Mai bis Sept. Di–Fr 10–13 u. 14–17 Uhr, Sa/So 10–13 u. 14–18 Uhr) ⓫. Besichtigen Sie typische historische Gebäude aus dem Stader Umland. Entlang dem Burggraben gelangen Sie zurück zum Bahnhof.

Mit dem Rad von Stade in Moor und Marsch

Nach Kehdingen Vom Bahnhof Stade kommend umfahren Sie die Altstadt entlang dem alten Burggraben. Über Freiburger und Schölischer Straße verlassen Sie die Stadt. Auf Radwegen und kaum befahrenen Landstraßen geht es in die flache **Moorlandschaft**. Kehdingen liegt teilweise unter dem Meeresspiegel. Das Gefühl von Einsamkeit wird dadurch noch verstärkt, dass anders als im Alten Land viele Gebäude weit von der Straße weggerückt sind.

Haus im Moor und Moorbahn Nach einer Stunde entspannten Radelns (ca. 18 km) wird **Aschhorn** erreicht. Der Firmenhinweis »Euflor« führt zum Haus im Moor und zum **Bahnhof des Moorkiekers**. Auf einer vier Kilometer langen Tour erhalten Sie einmalige Einblicke in das Moor. Sie können das Gelände nur zu den genannten Öffnungszeiten betreten.

■ **Tipp** Öffentliche Fahrten mit der alten Torfbahn Moorkieker, April bis Okt. jeden 1. u. 3. So. Anmeldung erforderlich, www.verein-naturerlebnisse.de

Ausgedehnte Moore liegen zwischen Geest und Marsch und sind ein Eldorado für Naturfreunde.

Nach Drochtersen und zum Elbdeich Die ersten Obstplantagen zeigen, dass Sie sich dem **Obstmarschenweg** und Drochtersen, dem alten Hauptort des Kehdinger Landes, nähern (3,5 km). Wenn Sie Drochtersen auf der Krautsander Straße nach Norden verlassen, gelangen Sie auf die ehemalige **Elbinsel Krautsand**. Die Seglerstraße führt direkt zum Elb-Hauptdeich. Machen Sie eine Pause auf der Deich-

Der Moorkieker transportiert heute Touristen statt Torfsoden.

krone und lassen Sie den Blick über das Vorland auf das Fahrwasser schweifen. Fahren Sie Richtung Südosten am Deich entlang. Sie queren dabei das **Naturschutzgebiet Asseler Sand**, einen wichtigen Rastplatz für Zugvögel.

■ **Tipp** Im Klinkerwerk Rusch, Drochtersen, mehrmals im Jahr Museumstage. Hier steht der letzte von einst über hundert Ringöfen, in dem auf traditionelle Weise Backsteine gebrannt werden.

Festung Grauerort In Grauerort führt der Deich unmittelbar am Elbstrom entlang. Wenn Sie zur Rechten plötzlich Graswälle und Ziegelmauern mit Schießscharten entdecken, haben Sie das **Hochwallfort Grauerort** (1. April bis 31. Okt. So/Fei 10.30–18 Uhr, www.festung-grauerort.de) erreicht (11,5 km). 1869 gebaut, sollte es die Elbe gegen kriegerische Einfälle schützen. Lange Jahre diente es als Munitionsdepot, jetzt können Sie es besichtigen und mit einer Feldbahn umrunden.

Von Grauerort zurück nach Stade Vom Eingang der Festung kehren Sie zurück zum Deich. Die nur wenig befahrene Deichstraße bringt Sie nach **Bützfleth**. Vom stark befahrenen Obstmarschenweg können Sie schon nach dreihundert Metern nach links auf die Alte Chaussee abbiegen. Über die Straße Schneedeich gelangen Sie bequem nach Stade zurück (ca. 10 km).

■ **Tipp** Von Mai bis Okt. fährt Sa/So/Fei zwischen Natureum und Horneburg der Elbe-Radwanderbus. Er bringt Sie zum Beispiel von Bützfleth bequem nach Grünendeich zum Fähranleger, www.elbe-radwanderbus.de.

Land Kehdingen

Nordwestlich von Stade erstreckt sich eine flache, stille Landschaft: Kehdingen. Vor siebenhundert Jahren begann der Mensch hier das Land durch Deiche und Entwässerungsgräben urbar zu machen. Besiedelt wurde zunächst nur das Hochland entlang der Flüsse. Das Sietland – das tief liegende Land – mit den anschließenden ausgedehnten Mooren wird erst seit rund zweihundert Jahren kultiviert.

28 Mit dem Rad von Stade ins Alte Land

■ **Ausgangspunkt**
Bahnhof Stade S 3 oder Me-
tronom
■ **Endpunkt**
Fähranleger Lühesand,
Fähre nach Wedel oder
Hamburg
■ **Streckenlänge**
25 km
■ **Einkehr**
in Stade, Agathenburg, Hor-
neburg, Steinkirchen und
Grünendeich
■ **Information**
www.stade-tourismus.de,
www.tourismusverband-
stade.de
■ **Hinweis**
Während der Obstblüte im
Frühjahr kann es bei der
Fahrradmitnahme in öffent-
lichen Verkehrsmitteln zu
Engpässen kommen.

Für eine Tour ins Alte Land gibt es zahlreiche Startpunkte. Uns gefällt die alte Hansestadt Stade besonders gut. Mit Schloss Agathenburg liegt ein kulturelles Highlight auf Ihrer Tour, und entlang der Lühe lernen Sie das Alte Land von der Geest bis zum Elbdeich kennen. Als Abschluss genießen Sie eine Fährfahrt auf der Elbe.

Zum Schloss Agathenburg Vom Bahnhof Stade geht es parallel zu den Gleisen Richtung Agathenburg – die Wegführung ist ab Bahnhof ausgeschildert und praktisch autofrei. Nachdem Sie Stade verlassen haben, ragt zur Rechten ein bewaldeter Hang auf. Er führt auf die sandige Geest. An dieser **Geestkante** ragt nach sechs Kilometern das rot gemauerte Schloss Agathenburg (März bis Okt. Di–Sa 14–18, So. 10–18 Uhr; Nov. bis Februar Di–Sa. 14–17 Uhr, So 10–17 Uhr, www.schlossagathenburg.de) auf, 1655 vom schwedischen Generalgouverneur in Stade, Hans Christoph von Königsmarck, errichtet. Besuchen Sie dort eine der zahlreichen **Ausstellungen moderner Kunst**. Die Skulpturen im **Schlosspark** und der **Bauerngarten** sind frei zugänglich.

Von Agathenburg bis Horneburg sind es rund sieben Kilometer, wiederum entlang der Bahn. Der Flecken Horneburg wurde um 1200 erstmals erwähnt. Wenn Sie die Lange Straße an der Liebfrauenkirche vorbeifahren, kommen Sie zum alten Burgplatz mit dem **Handwerksmuseum** (Di–Do 9–12 Uhr, jeder 1. u. 3. So 15–17 Uhr). Es zeigt Ihnen alte Techniken rund um das Fuhrwesen.

Ritter und Raufbold
Einer der frühen Besitzer von Horneburg war der Ritter Isern Hinnerk, ein Raufbold, um den sich bis heute viele Geschichten ranken.

Entlang der Lühe Dem Marschdamm folgend erreichen Sie das Flüsschen Lühe. Es ist nur rund dreizehn Kilometer lang. Folgen Sie zunächst der Altländer Straße bis **Neuenkirchen**. Zweihundert Meter hinter der **Fachwerkkirche St. Johannis** wechseln Sie zur Westseite des Flusses in das **Guderhandviertel**. Dort lässt es sich entspannt auf oder neben dem schmalen Deich fahren. Hinter den stolzen Bauernhäusern erstrecken sich scheinbar endlose Obstplantagen. Sie sind im Alten Land, dem größten Obstanbaugebiet in Deutschland. Genießen Sie im Sommer das besondere Flair der zahlreichen Hoffeste.

Über Grünendeich auf die Elbnordseite Das Zentrum von **Steinkirchen** wird durch die über 850 Jahre alte Feldsteinkirche **St. Martini et Nicolai** markiert. An der Kirche finden Sie eine der typischen, reich verzierten hölzernen Prunkpforten. Ab Steinkirchen fahren Sie auf dem Deich. Schon nach dreihundert Metern kommen Sie an der **Hogendiekbrücke** vorbei, einer der wenigen erhaltenen hölzernen Klappbrücken im Hamburger Raum. Nach siebenhundert Metern macht der Lühedeich einen scharfen Knick nach Osten. Verlassen Sie hier den Deichweg und folgen Sie der Hauptstraße rund fünfhundert Meter zur **Schifferkirche St. Marien** in

Grünendeich. Sie wurde im frühen 17. Jahrhundert im Fachwerkstil errichtet. Auch der separate Turm ist aus Holz. Mitten im Ort steht ein rot-weißer **Leuchtturm**, das Oberfeuer von Grünendeich. Fahren Sie daran vorbei und folgen Sie dann dem Elbdeich nach rechts zum **Fähranleger Lühe**. Von hier steuert die Lühe-Schulau-Fähre Wedel an, mit der Hadag geht es zweimal täglich bis zu den St. Pauli-Landungsbrücken.

■ **Einkehr** Steinkirchen, Restaurant Waldmüller, Ostern bis Okt. tgl. ab 12 Uhr, Nov. bis Ostern, tgl. ab 18 Uhr, So/Fei ab 12 Uhr; Grünendeich Café Gosch, Sa–Mo ab 12 Uhr

■ **Schifffahrt** Fähre Lühe nach Wedel-Schulau im Sommer alle zwei Stunden, www.luehe-schulau-faehre.de; Niederelbefahrt der Hadag nach Hamburg-Landungsbrücken, Mai bis Okt. Sa/So/Fei, www.hadag.de

Altes Land

Der besondere Reiz des Alten Landes geht auf die schwere Arbeit holländischer Kolonisten ab dem 12. Jahrhundert zurück. Entlang der Elbe und den Nebenflüssen Schwinge, Lühe und Este bauten sie Deiche. Schnurgerade Kanäle entwässerten das Land. Bis heute stehen die großen Bauernhäuser mit der Giebelseite zum Deich, das Fachwerk ist kunstvoll ausgemauert. Prunkpforten an der Hofzufahrt zeugen vom Reichtum.

Das Alte Land: Eine aufregende Mischung von Millionen Obstbäumen und dem Weltschifffahrtsweg Elbe

29

Per Auto und Rad vor und hinter den Deichen der Unterelbe

■ **Ausgangs- und Endpunkt**
Autotour: Rundfahrt ab/bis Hamburg, Fahrradtour Krimiland Kehdingen: ab Bahnhof Cadenberge bis Bahnhof Hemmoor
■ **Anfahrt**
Fahrradtour: Metronom bis Bahnhof Cadenberge
■ **Streckenlänge**
Autotour 180 km, Fahrradtour 70 km
■ **Fahrradverleih**
An den Metronom-Bahnhöfen
■ **Information**
www.glueckstadt-tourismus.de, www.tourismus-kehdingen.de, www.wingst.de, www.metronom.de
■ **Einkehr**
Glückstadt, Wischhafen, Wingst

Quert man die Elbe auf der Fähre Glückstadt–Wischhafen, hat man beste Chancen zum Schiffekucken – vom Riesenpott bis zum Segelboot. Hinter den Deichen täusche man sich nicht über die endlose Weite und Stille: In Glückstadt wird der Matjes groß gefeiert, in der Wingst besucht man Bären und Wölfe, und die Gräueltaten lebensecht ersonnener Storys im Krimiland Kehdingen gehen unter die Haut ...

Autotour rechts und links der Unterelbe

Von Hamburg nach Glückstadt Die A 23 führt ab Hamburg weitgehend über trockene Geest, doch sobald man die Ausfahrt Hohenfelde Richtung Glückstadt genommen hat, ist man in der **Elbmarsch** angekommen: Tischeben, meist baumlos und überschaubar ist es hier. Statt die nordwestliche Umgehungsstraße zu nehmen, lohnt sich die Fahrt durch das winzige Städtchen **Krempe**, Zentrum der Krempermarsch seit dem 13. Jahrhundert: Schon damals waren Teile dieses überflutungsgefährdeten, aber äußerst fruchtbaren Landes entwässert und eingedeicht. Die einstige Stadtmauer ist verschwunden, aber das backsteinerne **Rathaus** von 1570 gibt Zeugnis vom Reichtum dieser früheren Hafenstadt an der einst schiffbaren Kremperau. Eine alte Kirche sucht man vergebens: Sie flog 1814 in die Luft, als man sie als Pulvermagazin nutzte. Bis heute steht aber der spätklassizistische Neubau von 1835.

Glückstadt-Rundgang Die Wildnis an der Mündung des Flüsschens Rhin in die Elbe hatte sich Christian IV. als Standort für Glückstadt ausgesucht. Nach dem Geschmack der Barockzeit erhielt sie eine streng symmetrische Form mit Straßen, die von einem zentralen Platz ausgehen. Bald beleb-

Elbfähre Wischhafen–Glückstadt

Hafen Glückstadt

Der dänische König Christian IV. (1588–1648), Landesherr in Schleswig-Holstein, war der Meinung, dass auch die Hamburger zu seinen Untertanen zählten. Doch das reiche Hamburg wusste den König abzuweisen. Da der lukrative Hamburger Hafen für ihn unerreichbar blieb, gründete er fünfzig Kilometer elbabwärts 1617 einen eigenen Hafen mit Stadt und Festung – Glückstadt.

ten Kaufleute aus ganz Europa den Ort, doch Glückstadts Stern sank schon nach König Christians Tod 1648. Das Städtchen fiel 1867 an Preußen. Dennoch ist es reizvoll geblieben mit dem zentralen Markt, den Radialstraßen, schmucken Häusern und der stimmungsvollen Szenerie am Alten Hafen. Beginnen Sie Ihren Spaziergang am **Markt** mit **Stadtkirche** und **Rathaus**, dessen Spätrenaissance-Stil an die Kopenhagener Börse erinnert. Wandern Sie durch die Straße Am Fleth zum **Brockdorff-Palais**, heute Museum (Detlefsen-Museum, Mi, So 14–17, Do, Sa 14–18 Uhr) und Stadtarchiv. Vor allem aber: Bummeln Sie an der schönen Straße **Am Hafen** entlang, deren lange, bunte Häuserzeile unter Denkmalschutz steht.

Der Alte Hafen in Glückstadt – Traum des Dänenkönigs Christian IV.

■ **Einkehr** Probieren Sie Glückstädter Matjes in einem der gemütlichen Restaurants. Alljährlich im Juni feiern die Glückstädter ihr großes Matjesfest. Die Stadt hat es mit ihrer längsten Matjestafel der Welt ins Guinnessbuch der Rekorde geschafft.

Elbfähre Glückstadt–Wischhafen und Ostefähre

In Stoßzeiten alle zwanzig Minuten, fast bei jedem Wind und Wetter und 365 Tage im Jahr tun die vier zuverlässigen Fährschiffe zwischen Glückstadt und Wischhafen ihren Dienst. Nur 25 Minuten dauert die Überfahrt über den breiten Strom mit seinem internationalen Schiffsverkehr. Vom Glückstädter Fährhafen aus umrundet das Schiff zunächst die lang

Krimiland Kehdingen: Ist das Land hinterm Deich nur eine Idylle? Oder spielen sich hier geheimnisumwitterte Untaten ab?

gestreckte Elbinsel Rhinplate, dann erst geht es geradewegs auf das Südufer zu. Genießen Sie die interessante Pause!

■ **Tipp** Vermeiden Sie die Elbfähre an einem Freitag: Dies ist der verkehrsreichste Tag der Woche; Fahrplan und Preise siehe www.elbfaehre.de.

Durch **Wischhafen** rollt dank der Elbfähre täglich internationaler Straßenverkehr, und Schiffe aus aller Welt fahren auf dem Elbstrom vorüber. Welche Rolle die kleineren Schiffe in dieser Gegend spielten und spielen, lernt man im **Kehdinger Küstenschifffahrts-Museum** (Juli bis Sept. Di–So 10–12 und 13–18 Uhr, sonst nur Sa/So 10–12 und 13–18 Uhr, www.kuestenschifffahrts-museum.de) im alten Speicher am Tidehafen.

Gleich hinterm Deich gibt es wieder freien Blick über die schier endlose Marschenlandschaft mit ihren grasgrünen Wiesen und Weiden, das **Kehdinger Land**. Bei klarer Sicht erscheint westwärts in zwanzig Kilometer Entfernung ein kleines Bergland mit dunkler Waldbedeckung, die Wingst – dort ist die Geest erreicht. Man fährt auf der B 495 auf den niedrigeren Geestrand bei Hemmoor zu. Kurz vorher überquert man die Oste. Sehen Sie sich mitten im Ort **Osten** die über hundertjährige Stahlkonstruktion der **Schwebefähre** an.

86

Durch die Wingst Nur sechs Kilometer auf der B 73 Richtung Cux-haven, dann in Dobrock links abgezweigt und im Ort rechts hi-nauf – und man ist schlagartig in einer anderen Welt! Es riecht nach Wald, man fühlt sich fast wie im Gebirge. Das haben schon Touristen im 19. Jahrhundert geschätzt, besonders als 1852 ein fin-diger Gastwirt auf dem 61 Meter hohen **Fahlenberg** einen Aus-sichtsturm (Mi, Do 15–16.45 Uhr, Fr–So ab 10.30 Uhr) eröffnete und dem Berg auch noch den vollmundigen Namen »Deutscher Olymp« gab – die Aussicht ist grandios. Nicht weit entfernt wartet der **Zoo in der Wingst** (tägl. ab 10 Uhr, www.wingstzoo.de) mit Bären und Wölfen in natürlicher Waldumgebung auf, aber auch mit exotischen Tieren in Warmhäusern und einem Korallenriff-Aquarium. Von März bis Oktober kann man sich im Spiel- und Sportpark austoben; eine der größten Attraktionen ist die Som-merrodelbahn. Nicht nur Gartenfreunde haben ihre Freude an den verführerischen Blüten im **Kamelienparadies Wingst** (Mo, Mi–Fr 9–12 u. 14–18, Sa 10–12 u. 14–18, So 14–18 Uhr, www.kame-lie.de), einer hochspezialisierten Gartenzucht mit einer bezau-bernd schönen Anlage.

Von Hemmoor nach Hamburg Der Rückweg nach Hamburg ist nicht zu verfehlen: immer auf der B 73, die am Geestrand entlang führt, wobei man größere Orte wie Stade und Buxtehude auf der Autobahn 26 umgeht. Wer auf die Nordseite der Elbe zurück-kehrt, kann in Heimfeld auf die A 7 und durch den Hafen und den Neuen Elbtunnel nach Hause zurückfahren und dabei noch einmal ein paar große Pötte beobachten.

Radtour durchs Krimiland Kehdingen

Von Cadenberge zum Natureum Kein Grund zur Unruhe in Cadenberge im harmlosen Land Hadeln: Der Wind kommt aus Wes-ten, das Fahrrad läuft gut, das Fernglas ist griffbereit. In Geversdorf bleibt man auf dem Westufer der Oste und folgt dem Elbe-Radweg durch das Hafenörtchen **Neuhaus**. Das **Natureum Niederelbe** (Di–So 10–18 Uhr, www.natureum-niederelbe.de) auf ei-ner Halbinsel an der Ostemündung hat

draußen einen großen Biotoppark mit Aussichtsturm für die Vogelbeobachtung – Fernglas noch zur Hand? –, drinnen wartet ein bleiches Wal-Gerippe und anderes totes Getier, recht lebensnah präsentiert. Über die amphibische Niederelbe-Landschaft lernt man vor allem: Nichts bleibt hier so wie es ist. Auch auf der »Mocambo« (Oste-Schifffahrt, Tel. 04772/861084, www.elbe-oste-schifffahrt.de), die auf Oste und Elbe kreuzt, wird das Ortsunkundigen demonstriert. Aber aufgepasst: Das Kultschiff könnte auch gerade zu einer geheimnisvollen Krimilesung starten …

Kehdinger Deiche zum Kucken Jetzt schnell übers Oste-Sperrwerk nach Kehdingen. Halt: montags, mittwochs und freitags nie! Nur an den übrigen vier Wochentagen kommt man von 10 bis 17 Uhr (April bis Sept. Sa/So bis 18 Uhr) von hier direkt ins **Krimiland Kehdingen-Oste**, sonst bleibt nur der Umweg über Geversdorf und seine Oste-Hubbrücke.

Ab Hörne geht es ins einsame Außendeichsland. Diese riesigen Vogelschwärme vor der kilometerbreiten Elbe – Alfred Hitchcock hätte seinen Thriller »Die Vögel« hier drehen sollen. Mit dem Fernglas beäugt man große und kleine Schiffe, auch die, die weit am jenseitigen Elbufer in den **Nord-Ostsee-Kanal** eindrehen. In welchem Container wohl Schmuggelgut steckt? Der Westwind pustet einen über das einst von Hamburger Handelsschiffen gefürchtete Piratennest **Freiburg** nach **Wischhafen**.

Verdutzt blicken die Schafe, wenn ein seltener Besuch einen Blick über den Deich auf den riesigen Elbstrom riskiert.

Auf verschwiegenen Pfaden zur Oste Lieber die Hauptstraßen meiden. Denn jetzt bewegt man sich im Zentrum der kriminellen Kultur Kehdingens. Wo in der Welt wohnen auf dem platten Land so viele Krimiautoren wie in **Drochtersen-Hüll**? Was hat nur Wilfried Eggers (»Paragraf 301«), Elke Loewe (»Die Rosenbowle«), Thomas B. Morgenstern (»Der Milchkontrolleur«) und andere bewegt, hier so viele Gräueltaten im Verborgenen stattfinden zu lassen? Liegt es an der perfekt überschaubaren Gegend? Man stemmt sich gegen den Wind am **Rönndeich**, wo der Europäische Fernwanderweg E 9 vom Baltikum nach Nordspanien die Straße kreuzt, und radelt und radelt und rätselt. Schwitzend erreicht man in **Osten** (mit langem O gesprochen) die historische **Schwebefähre**, entschwebt nach **Hemmoor** und denkt mit Grauen an das siebzig Meter tiefe, wassergefüllte Loch, das ein Kalkwerk hier einst hinterlassen hat ... Fast lautlos fährt der Metronom Cuxhaven–Hamburg ein. Zu dumm: Man hätte sich für die Rückfahrt einen Krimi in Drochtersen kaufen sollen.

Friedlich liegen die Boote im alten Piratenort Freiburg. Die MS Dora ist 100 Jahre alt.

■ **Tipp** Buchhandlung buch & byte, Siethwender Straße 24, 21706 Drochtersen, Tel. 04143/74 34. Lassen Sie sich von www.krimiland-kehdingen.de inspirieren.

■ **Information** Schwebefähre, Karfreitag bis Oktober tägl. 11–17 Uhr, sonst Sa/So 11–16 (in den Weihnachtsferien tägl.)

30

Mit dem Rad durch die Haseldorfer und Seestermüher Marsch

■ **Ausgangs- und End-punkt**
S-Bahnhof Wedel
■ **Anfahrt**
S 1, mit dem Pkw über die B 431, Parkplätze im Bereich der Schulauer Straße/Deichstraße
■ **Streckenlänge**
75 km
■ **Einkehr**
in Wedel, Fährmannsand, Scholenfleth, Haseldorf

Diese Radtour führt durch die Naturschönheiten der Marsch im Westen Hamburgs, über zwei Sperrwerke und entlang uralten Deichen. Queren Sie das Flüsschen Krückau mit einer handbetriebenen Fähre! Drei Informationszentren laden ein, viel Wissenswertes über die Natur der Elbmarsch zu erfahren.

Start am Bahnhof Wedel Vom Bahnhof fahren Sie die belebte Bahnhofstraße hinauf und dann über Rollberg und Parnassstraße hinab zur weltberühmten Schiffsbegrüßungsanlage in Schulau. Folgen Sie dem Straßenverlauf, nach fünfhundert Metern zweigt nach links die Deichstraße ab. Für fast 33 Kilometer ist der Elbe-Hauptdeich nun die Leitlinie.

Das Informationszentrum Elbmarschenhaus in Haseldorf

Durch die Haseldorfer Marsch Direkt an der Einmündung der Deichstraße beginnt der sechs Kilometer lange **Planetenlehrpfad**, der einem die Entfernungen unseres Sonnensystems verdeutlicht. Für Vogelliebhaber dringend zu empfehlen ist die **Carl-Zeiss-Vogelstation** (Mi, Do, Sa, So, Fei 10–16 Uhr). Beobachten Sie hier unter fachkundiger Anleitung die zahlreich in der Marsch rastenden Vögel. Auf dem weiteren Weg bieten Ihnen zwei Aussichtstürme einen weiten Blick über das Land und die stark befahrene Elbe. An der Hetlinger Schanze passieren Sie 227 Meter hohe Hochspannungsmasten. In **Scholenfleth** liegt direkt hinterm Deich das **NABU-Naturzentrum** (1. Mai bis 30. Sept. So, Fei 14–17 Uhr).

Mit einer der kleinsten Fähren der Welt überquert man die Krückau bei Kronsnest.

Pinnau-Sperrwerk und Seestermüher Marsch Nach sechzehn Kilometern erreichen Sie das Sperrwerk der Pinnau. Jenseits geht es weiter entlang dem Deich durch die Seestermüher Marsch. Sie können auf der Außen- oder Binnendeichseite fahren. Nach sechs Kilometern kommen Sie zum **Krückau-Sperrwerk**. Hinter dem Sperrwerk verlassen Sie den Deichverlauf nach rechts. Durch das alte Mündungsgebiet der Krückau erreichen Sie die alte Deichlinie. Nach rechts geht es nach Kronsnest (7 km). Lassen Sie sich mit dem handbetriebenen **Fährkahn »Hol över«** zum anderen Ufer übersetzen.

■ **Überqueren** Krückau-Sperrwerk: nur Mai bis Sept. Mo, Di, Mi stündlich 9.15–15.15 Uhr, Do stündlich 9.15–14.15 Uhr, Fr stündlich 9.15–12.15 Uhr, Sa, So, Fei 9–13 u. 14–18 Uhr; Pinnau-Sperrwerk: nur Mai bis Sept. Mo, Di, Mi stündlich 8.45–15.45 Uhr, Do stündlich 8.45–13.45 Uhr, Fr stündlich 8.45–12.45 Uhr, Sa, So, Fei 9–13 u. 14–18 Uhr. Schifffahrt hat Vorrang!

■ **Übersetzen** Fähre Kronsnest, 1. Mai bis 3. Okt., Sa/So/Fei 9–13, 14–18 Uhr am Anleger Café »Sööte Eck«

Seestermühe und Neuendeich Folgen Sie der historischen Deich-linie nun nach Westen. In Seestermühe ducken sich reetgedeckte Katen hinter den steilen Flanken des alten Deichs. Im kleinen **Gö-pelschauer** lädt ein Museum zum Besuch ein. Auf der **histori-schen Drehbrücke** in Neuendeich queren Sie erneut die Pinnau. Wenig befahrene Straßen bringen Sie über Haselau nach **Hasel-dorf**. Auf dem Platz einer ehemaligen Raubritterburg steht heute ein klassizistisches Gutshaus. Die kleine **Kirche St. Gabriel** ist wie Haseldorf selbst sehr alt – beiden wurden bereits 1195 erstmals er-wähnt. Das **Elbmarschenhaus** (tgl. 10–16 Uhr, www.elbmarschen-haus.de) bietet Ihnen mit Ausstellungen und Führungen einen umfassenden Blick auf die Natur der Haseldorfer Marsch und wichtige Ziele. Fähre Kronsnest bis Haseldorf, Elbmarschenhaus ca. 14 km.

Linke Seite:
Reetgedeckte Katen kuscheln sich in Seestermühe an den Deich.

Über Hetlingen zurück nach Wedel Auf einem Radweg geht es nach Hetlingen und zurück an den Elbdeich. Das **Gasthaus Fährmann-sand** (Mi–So ab 11 Uhr, Biergarten, von Haseldorf 9 km) lädt am Ende der Tour zur Einkehr. Von hier sind es dann noch vier Kilo-meter zurück zum S-Bahnhof in Wedel.

Vor den Toren der Großstadt bietet die Haseldorfer Marsch viel Platz für Mensch und Tier.

Orts- und Sachregister

Rund um Hamburg

ISBN 978-3-7654-4509-5

ISBN 978-3-7654-4766-2

Das komplette Programm unter
www.bruckmann.de

 BRUCKMANN

Impressum

Die Autoren:

Carsten Ruthe, geboren 1966 in Detmold, hat in Hamburg-Harburg ein Studium zum Diplom-Geografen absolviert. Nach seiner Tätigkeit als Verkehrs- und Stadtplaner ist er seit 2001 selbstständiger Stadtführer und Reiseleiter in und um Hamburg mit dem Schwerpunkt Fahrradstadtrundfahrten zur Stadtgeschichte und thematische Radtouren ins Umland.

Elke Frey bereiste als Studienreiseleiterin die weite Welt und schrieb zahlreiche Reiseführer. Besonders schätzt sie die Vielfalt ihrer norddeutschen Heimat. Die ambitionierte Radlerin geht oft per Fahrrad auf Entdeckungsreisen, aber sie ist ebenso gern auf Wasser- und Wanderwegen unterwegs.

Unser komplettes Programm:

www.bruckmann.de

Produktmanagement: Claudia Hohdorf
Lektorat, Bildredaktion: Thomas Theise, Regensburg
Layout: BUCHFLINK Rüdiger Wagner, Nördlingen
Kartografie: Heidi Schmalfuß, München
Repro: Cromika s.a.s., verona
Herstellung: Thomas Fischer
Printed in Italy by Printer Trento S.r.l.

Alle Angaben dieses Werkes wurden von den Autoren sorgfältig
recherchiert und auf den aktuellen Stand gebracht sowie vom
Verlag geprüft. Für die Richtigkeit der Angaben kann jedoch
keine Haftung übernommen werden.
Für Hinweise und Anregungen sind wir jederzeit dankbar.
Bitte richten Sie diese an:
Bruckmann Verlag
Postfach 40 02 09
D-80702 München
E-Mail: lektorat@verlagshaus.de

Bildnachweis:
Amt Neuhaus/Haus des Gastes, S. 68; Reinhard Behnisch, S. 62; Bootsvermietung Dornheim, S. 12, 13; Nadja Biebow, S. 57(2x), 66; Claus Brinckmann, S. 92; Kathrin Bühring, S. 32, 33; Kurt F. Domnik/PIXELIO, S. 63; E. Dornblut, S. 51; Dreshej, S. 25 (o); Elbmarschenhaus, S. 90; Erlebniswald Trappenkamp FIZ Klütz, S. 40, 41; GDM GmbH, S. 85, 88; Dörthe Grimm, S. 61; C. Havercamp, S. 50; Heide-Kanu Matthias Schrenk, S. 72, 73; Thomas Heier, S. 15; E. Heinrich, S. 2, 6, 83; Herzogtum Lauenburg Eigenbetrieb Kreisforsten, S. 52, 53; Herzogtum Lauenburg Marketing & Service GmbH, S. 48; Hochwild Schutzpark Schwarze Berge, S. 28 (2x); Intern. Gartenschau igs, S. 22, 25 (u); Jürgen Julius, Lüneburg, S. 67; Christa Lischke, Tosterglope, S. 69; LTM, S. 37, 44; LTM/ S.E. Arndt, S. 47; LTM/Torsten Krüger, S. 42, 45; Ostseebad Boltenhagen Archiv Kurverwaltung, S. 39 (2x); NABU/Jonathan Otto, S. 16; Paddeleih, S. 21; Carsten Ruthe, S. 9, 10, 19, 20, 35, 49, 64, 65, 93; Loki Schmidt Stiftung Ludmila Wieczorek, S. 26, 27; Martina Seeger, Viehle, S. 3, 4; Stade Tourismus, S. 7, 78; Stiftung Freilichtmuseum am Kiekeberg, S. 29; Tourismusbüro der Stadt Bad Bramstedt, S. 31; Touristinformation Egestorf, S. 74; Tourist-Info Kehdingen, S. 84, 89; Touristinformation Undeloh, S. 75, 76, 77; Unterelbe Tourismus e.V. / M+T, S. 5, 86, 91; Vattenfall Europe AG, S. 58; Verein zur Förderung von Naturerlebnissen, S. 80, 81; Verkehrs- und Kulturverein Salzhausen e.V. , S. 70; 3mmedia M.Manske, S. 55 (3x)

Umschlagvorderseite: Der alte Hafen in Stade (Erwin Oesterling, Glinde)
Umschlagrückseite: Im Duvenstedter Brook

Die Deutsche Nationalbibliothek verzeichnet diese Publikation in der Deutschen Nationalbibliografie; detaillierte bibliografische Daten sind im Internet über http://dnb.d-nb.de abrufbar.

© 2010 Bruckmann Verlag GmbH, München
ISBN 978-3-7658-5178-2